Rosalie
L'année de mes vingt ans

DU MÊME AUTEUR
CHEZ LE MÊME ÉDITEUR

* *Rosalie, une enfance à la ferme*, 2003,
Prix de l'Académie nationale de Metz

** *Rosalie, un amour pour la vie*, 2005

*** *Rosalie, un bouquet de souvenirs*, 2007

ROSALIE FIRHOLZ

# Rosalie
# L'année de mes vingt ans

****

LA NUÉE BLEUE

*A tous mes lecteurs et lectrices qui m'ont*
*vivement conseillée de compléter, avec ce livre,*
*la partie manquante du puzzle de ma vie.*
*Rosalie*

ISBN 978-2-7165-0754-7

AVANT-PROPOS

# *Les ailes de ma jeunesse*

*Sur les balcons du ciel sèchent les bribes surannées de mes défuntes années. Du fait de mon âge très avancé, je traîne derrière moi de longues histoires. Pour vous divertir et vous remercier de votre fidèle lecture, je trempe une fois encore ma plume dans l'encrier de ma jeunesse pour vous la narrer telle qu'elle s'est passée, au moment où j'étais une jeune fille en fleur, emplie de rêves et d'une fraîche liberté d'après-guerre.*

*Cette jeunesse s'est enfuie à tire-d'aile avec ses émotions anciennes. Mais la jeune fille que j'étais demeure en moi à travers le prisme de ma mémoire. Je suis restée cette fille d'antan, je n'ai pas eu à la chercher très loin pour vous la décrire, elle est en moi tout entière, telle quelle.*

*En lisant mes ouvrages précédents, vous avez déjà compris que dans mon enfance j'ai cueilli les douloureuses fleurs de neige qui ornaient mon statut de fille de modeste paysan. Mes parents étaient pauvres mais heureux, sans savoir que la vie pouvait avoir une autre saveur au-delà de l'orée du village. Quant à moi, je n'ai jamais été satisfaite de mon état, poussant toujours plus en avant l'effort pour tenter d'acquérir l'arme à mes yeux la plus puissante au monde et qui me faisait cruellement défaut : le Savoir.*

*Après la Victoire en 1945, à peine sortie de l'adolescence, je pris conscience que le chant du travail n'était pas l'ami de la cigale mais la rengaine de la fourmi. Aussi ne me suis-je jamais plainte des longs trajets pénibles et dangereux du week-end que je parcourais à pied ou à vélo pour traverser les vingt kilomètres qui séparaient mon village de l'école commerciale de Sarrebourg où mon père m'avait inscrite. Ma jeunesse m'a remplie de rêves et maintenant ma vieillesse me donne le regret muet de tous ces songes qui se sont avec les années envolés.*

*Ce livre se veut aussi désaltérant pour l'âme qu'un verre d'eau fraîche par une journée caniculaire. J'ai voulu vous offrir avec lui une magnifique leçon de sagesse, aussi bien pour la jeunesse que pour mes contemporains fatigués de la vie moderne.*

*Rosalie*

# Les lumières de la ville

Au mois de juin de cette première année d'après-guerre, mon diplôme de sténographe en poche, j'avais l'intention d'aller à Strasbourg pour chercher un poste d'employée de bureau. Mes parents, qui habitaient dans un petit village de Moselle à la frontière de l'Alsace, estimaient qu'après m'être reposée pendant sept mois sur les bancs de l'école commerciale de Sarrebourg – en ces temps-là, pour les paysans, étudier c'était se reposer – il était urgent que je participe aux travaux des champs et que j'attende la fin du battage de nos céréales pour réaliser mon projet. Chaque main était un outil de travail. Début décembre, ces travaux s'achevèrent. J'allais enfin pouvoir me défaire de cette bride paternelle et obtenir la bénédiction de mes parents.

A cette époque, il y avait pénurie de main-d'œuvre dans tous les domaines et des postes à pourvoir partout. Dans les journaux, sur deux pages, à la rubrique des petites annonces, on pouvait lire : « Recherche de suite ouvriers, maçons, employés de bureau, de PTT, etc.» Notre région avait en effet payé un lourd tribut en pertes humaines sous l'Annexion allemande. Il fallait reconstruire l'économie délabrée et repartir avec les moyens du bord pour honorer notre chère patrie, meurtrie mais vivante.

Deux jours plus tard, au chant du coq (mon réveille-matin quotidien), je m'étirai de tout mon long dans mon lit. Alors que j'avais fait la bûche pendant huit heures, je me frottai les yeux en me disant: «Le jour de gloire est enfin arrivé.» Et voilà que l'heureuse fille sauta d'un bond de son lit en se frottant les mains de satisfaction. Je ravivai le feu de la cuisinière avant de prendre deux seaux et de descendre à la fontaine au bas du village, aussi gaie que tous les pinsons de notre région en leur saison. Ce matin-là j'ai trait nos vaches en fredonnant la fable de Perrette: «Adieu, veau, vache, cochon, couvée, Rosalie va s'en aller.» Ah! que la vie est belle quand on a vingt ans et que la féerie de la ville vous attend.

Pendant ce temps, une grande bassine d'eau tiède, préparée par mes soins dans la cuisine désormais bien chaude, attendait papa, qui m'accompagnait avec grand plaisir à Strasbourg. Et, alors qu'il s'occupait du fourrage de nos animaux, je fis à mon tour une toilette minutieuse avec de l'eau froide, une habitude prise pendant l'Annexion. Le Führer nous assenait que l'eau glaciale réveille le corps et l'âme tandis que l'eau tiède endort l'esprit. Désormais bien propre, je me fis encore une bonne manucure avec mes grands ciseaux de couturière pour soigner mes ongles abîmés par les travaux de la ferme.

Pour ne pas être en reste, maman, affaiblie par une affection grippale et par la grande fatigue due aux battages de nos céréales, ne put empêcher ses yeux de pleurer lorsqu'elle s'affaira à nous garnir un grand cabas. Elle y mit avec soin une grande saucisse lorraine, un beau morceau de lard fumé et une épaisse tranche de pain datant de plus de quinze jours. Ce fut notre seul bagage, je ne pris ni linge ni vêtements, pensant être engagée au début de janvier seulement.

Entre-temps, mon frère Georgel apparut. A moitié réveillé, il me taquinait d'une manière vexante et, comme d'habitude, maman cachait mal son sourire discret. « Alors, ma sœurette va quand même nous quitter ? Quand même essayer de décrocher la lune en ville ? Et jouer à la princesse ? » Ces « quand même » sous-entendaient des « malgré tout ».

Enervée et aussi un peu stressée, je lui rétorquai : « Tais-toi ! espèce de grand corniaud, pour être désagréable tu n'as guère besoin de prendre des cours. Chez toi c'est naturel, et avec ton intelligence plus près des ornières que de la rue, tu n'as qu'à en faire autant, qu'est-ce que tu attends ? » Puis je lui lançai deux ou trois onomatopées sonores, avant de claquer la porte devant laquelle mon père m'attendait depuis un moment. Ce n'était que de la taquinerie, comme cela arrive souvent entre frère et sœur.

# Le grand départ

Dehors, le paysage ressemblait à une carte de Noël idyllique. Les piquets blancs dans notre parc nous donnaient l'impression d'être figés dans la neige comme des sentinelles et semblaient nous faire une haie d'honneur. Plus loin, un poteau électrique enneigé au bord de la route, un peu de guingois, s'inclinait sur notre passage.

A la sortie du Windhof, notre hameau, Mitzi, le gros matou du voisin, nous fit entendre le tintement des grelots de son collier. A notre vue, il s'arrêta. Fort étonné de nous voir si matinaux, il nous jeta un rapide coup d'œil et déguerpit en gâtant le blanc tapis de neige. Je ne pus m'empêcher d'adresser un « miaou, miaou » à ce chat, l'un des huit qui venaient chaque matin, à l'heure de la traite, se régaler d'une grande écuelle de lait frais.

Ce matin-là, le silence était si dense que la vie semblait s'être arrêtée. On n'entendait que le bruit crissant de nos pas sur la neige. A hauteur de la forêt domaniale, le nasillement d'une horde de sangliers, fouinant le sol en quête de glands, rendait mon père de mauvaise humeur. Ces cochons sauvages saccageaient ses champs de céréales et de betteraves et déterraient avec leurs groins ses pommes de terre.

Au bout d'une demi-heure de marche pénible, nous arrivâmes à l'abri de l'autobus, situé devant la petite gare désaffectée du village voisin. En attendant le car, qui faisait la navette Sarreguemines-Strasbourg en presque trois heures avec des haltes dans chaque village, nous battions la semelle pour nous réchauffer. De temps en temps, nous soufflions dans nos mains, puis les mettions sous nos aisselles, tout en regardant la frange de stalactites qui pendait du toit.

Enfin installée dans l'autobus chauffé par les nombreux voyageurs, je sentis le sang revenir peu à peu dans mes doigts engourdis, en me causant des picotements désagréables. Qu'importe ! j'aurais traversé le Groenland...

A notre arrivée à Strasbourg, pendant que le conducteur manœuvrait un créneau pour le stationnement, mon père, assis à mes côtés, passait et repassait sa main sur la mienne pour la lisser. Inutile de vous décrire mes sentiments à ce moment.

Sur un poteau de la place Kléber, le cœur battant de la ville, une sorte d'écriteau à moitié dévissé indiquait : BUREAU DE PLACEMENT, PREMIER ÉTAGE, DANS LA RUE À DROITE. Nous nous y rendîmes prestement et fûmes surpris d'être les seuls dans la grande salle d'attente. Dix minutes plus tard, nous ressortîmes avec une feuille d'embauche d'aide-comptable à la Société Le Rhin située au Port du Rhin, un quartier en périphérie de Strasbourg accessible en tramway. Je serrai ce manuscrit si fort que la trace de l'encre resta inscrite sur ma paume jusqu'au soir, comme le numéro gagnant du gros lot à la loterie nationale. Personne ne peut aujourd'hui s'imaginer ce que cela représentait pour moi de bientôt faire partie des citadins. Etre endimanchée chaque jour de la semaine !

# L'embauche au Port du Rhin

Heureuse comme une gamine qui vient d'être gâtée par une sucette, je pris le tramway en direction de la douane de Kehl tandis que mon père se rendait à la cathédrale pour implorer le Seigneur de me protéger. Au terminus, je demandai au wattman le chemin à effectuer à pied jusqu'à la Société Le Rhin, ce qu'il m'expliqua volontiers. Dans ma hâte d'arriver, je marchai soudain sur le lacet défait de mon soulier, ce qui me fit trébucher et m'étaler de tout mon long à plat ventre dans la gadoue rendue grisâtre par le sablage de sel. Quand je repris mon chemin, ces mots cognaient en moi : « Va-t-on m'engager avec mon manteau et ma toque en peau de lapin ainsi maculés de boue ? »

Au bas de la route enneigée, je croisai une petite femme courbée jusqu'au menton, appuyée sur un bâton à gros nœuds, tassée sous un lourd fagot de bois mort qui balayait la neige. Je n'avais jamais vu un si pauvre être. Cette femme déguenillée me rappelait un peu notre gardeuse de cochons, qui allait elle aussi, mais convenablement habillée, en hiver dans la forêt chercher de quoi se chauffer. En passant, je lui demandai : « S'il vous plaît, madame, pouvez-vous m'indiquer le chemin pour la Société Le Rhin ? » Elle m'adressa un grognement avec une affreuse grimace, comme un charmant sourire. Après un juron fleuri de charretier : « Tu n'as qu'à me suivre », ce que je fis, bien obligée.

Au coin de la rue, elle s'arrêta. En levant son gros bâton : « Maintenant tu bifurques à droite, après tu longes les quelques maisons, et puis tu te trouveras devant un haut bâtiment à la façade écaillée, et te voilà arrivée. » Après que je l'eus remerciée, elle me tendit sa main ouverte. Puis d'une voix rauque : « Donne-moi des clopes, je ne suis pas un indicateur gratuit. » Je lui répondis : « Des quoi ? » « Des clopes, des cigarettes », expliqua-t-elle en me lançant des regards charbonneux. Surprise par sa réaction, je lui montrai mes poches vides et trouvai deux caramels fabrication maison qui devaient y traîner depuis une éternité. Je n'étais friande que de la levure fraîche de boulanger que je suçais à la place des bonbons, ce qui devait sûrement gonfler ma boîte crânienne, dans laquelle ma petite cervelle n'avait plus assez de place pour se développer comme je l'aurais souhaité...

Je me trouvai bientôt devant un vieux bâtiment couvert d'un ancien crépi sale. Sur le fronton, en lettres presque effacées, je pouvais lire LA RHÉNANE. J'accédai aux bureaux par un haut escalier en ciment qui donnait sur un long couloir au fond duquel se tenait un homme coiffé d'une casquette de batelier. Penché sur la tablette d'un guichet ouvert, il recomptait les billets de banque qu'un jeune homme en blouse grise venait de lui remettre. Après le départ du batelier, je m'adressai à cet employé : « Bonjour, monsieur, permettez-moi de me présenter, je suis la jeune fille aide-comptable envoyée par le bureau de placement », et lui tendis la feuille d'embauche. Après un rapide coup d'œil sur cette feuille, puis sur moi, il eut un signe de la tête. Certes, le comptable avait besoin d'une aide, mais pouvait-on embaucher une pareille souillon ? devait-il penser.

Puis, accompagné de sa main ouverte levée vers moi, il dit : « Allez, filez, ici c'est La Rhénane, la Société Le Rhin c'est le bâtiment d'à côté », et referma aussitôt la vitre. Impavide, comme un chevalier sans peur, je toquai de nouveau contre la vitre. Voyant que je ne bougerais pas, il finit par se lever et s'encadra dans la porte ouverte d'un bureau attenant, appela le chef comptable, à qui il glissa quelques mots à l'oreille. Ce dernier se dirigea alors vers moi et ouvrit la vitre. « Bonjour, mademoiselle, ai-je bien compris ? Notre concurrent chercherait-il une aide-comptable ? Mais nous aussi, nous en cherchons désespérément une, voulez-vous rester chez nous ? Vous serez sans doute aussi bien, sinon mieux. Entrez donc et prenez place, je vais avertir notre directeur. »

Son absence fut l'occasion de me débarrasser de mon manteau et de ma toque maculés. Vêtue d'une jolie robe blanche, tricotée en point de riz, agrémentée d'une large ceinture à nœud rouge écarlate, et ma tête entourée de mes frisettes d'un noir de geai, je me trouvais plus présentable. Dame nature avait été bienveillante envers moi, en mettant du soleil dans mes veines et un éternel sourire sur mes lèvres.

Au bout d'un quart d'heure, il revint avec un regard réjoui et un air qui laissait deviner que sa requête était acceptée. Puis il m'introduisit dans le bureau du grand patron, en me jetant un clin d'œil de connivence, avant de refermer la porte derrière moi.

Un bel homme, les cheveux en brosse, les yeux bleu clair, la tête bien faite, au menton bien dessiné, des manières pleines de noblesse, en un mot le parfait modèle d'un grand président-directeur général, m'accueillit avec son plus beau sourire. La main tendue : « Soyez la bienvenue, mademoiselle... comment ? » J'articulai : « Rosalie Muller. – Rosalie, quel joli prénom ! Le même que celui de ma grand-mère et de ma marraine. Ce prénom vous sied comme une grappe de raisin au vignoble alsacien. »

Pendant notre entretien, je fis de grands efforts pour ne pas commettre d'impairs tout en portant mon regard sur un tableau accroché au mur derrière son bureau. Cette peinture humoristique naïve représentait le pays alsacien. Les branches des arbres étaient enjolivées de guirlandes de saucissons et de choucroute riante, tapissée de clous de girofle et fleurie de feuilles de laurier. Des gorets bien dodus dansaient sous le regard furieux et affamé de Hitler. Cette allégorie bravait avec insolence le Führer, qui avait dit un jour à ses généraux sur le Mont Sainte-Odile, en leur montrant la beauté de l'Alsace : « Et dire que cet éden nous appartient pour l'éternité ! »

Me voyant absorbée dans la contemplation de ce tableau, le directeur cacha mal son sourire. Puis d'une voix ferme : « Mademoiselle, si vous voulez bien rester chez nous, je suis prêt à vous offrir un salaire mensuel de huit mille francs. » Cette somme impensable prit une telle importance pour moi qu'elle me plongea les yeux fermés dans une sorte d'ivresse tout en convoquant le visage de mon père. Je n'étais plus sur terre, mais dans un autre monde. D'une voix bredouillante, je balbutiai : « Huit, huit, huit mille francs. » Ma maîtresse d'école m'avait enseigné que, devant un grand homme, il fallait baisser les yeux pour préserver son regard d'enfant. Ce que je fis à ce moment.

« Alors, c'est d'accord ? » me demanda-t-il, convaincu que j'hésitais encore. J'opinai de la tête. Puis il reprit : « Vous pouvez commencer dès demain matin à huit heures et pour Noël toucher votre salaire du mois, alors que nous sommes déjà le huit décembre aujourd'hui. » Investie de sa confiance – en ce temps-là, on ne s'embarrassait pas de paperasserie : je ne me souviens pas d'avoir signé un contrat d'embauche –, je suis repartie avec l'air conquérant d'une fille qui a le monde à ses pieds. Sur le chemin du retour, j'avais la beauté des anges, ma vie s'habillait de poésie. Malgré la neige, je crus entendre les oiseaux me chanter des hymnes d'amour. J'étais comme un cheval sellé et bridé qui n'avait plus qu'à se mettre en route.

# Les doutes de papa

Depuis midi, mon père, la mine renfrognée, faisait les cent pas place Kléber, lieu de notre rendez-vous. A ma vue, hochant la tête et avec des points d'interrogation dans le regard, il demanda : « Et alors, tu es embauchée ? » d'un timbre qui aurait fait que l'escargot le moins farouche aurait rentré ses antennes pour ne plus les ressortir qu'après l'orage passé. J'acquiesçai de la tête. « Te paient-ils bien ? Ces cols blancs s'imagineraient-ils qu'une fille venue d'un bled reculé n'ait pas autant de matière grise qu'une de ces poulettes fardées et pomponnées qui se tordent les fesses comme si elles marchaient sur des œufs avec leurs talons aiguilles ? » Je lui répondis : « Papa, je ne sais pas encore combien, mais je pense bien suffisamment pour payer mes frais de pension, voire même un peu d'argent de poche, à condition d'être à la hauteur de ma tâche. » La franchise n'arrivait pas à dépasser la barrière de mes lèvres et il me semblait que le rouge empourprait mes joues, jusqu'aux racines de mes cheveux. « Des preuves, des preuves, gesticula-t-il. Ces idiots n'ont-ils pas vu que tu es une fille qui a la comprenette facile ? »

Comment aurais-je pu lui annoncer que je venais de décrocher un emploi avec une rémunération mensuelle pareille ? A cette époque, notre chère Marianne nationale ne nous déplumait pas encore la fiche de paye pour décorer son bonnet phrygien. La seule petite retenue était pour la Sécurité sociale. Un salaire de huit mille francs était impensable, surtout pour une fille. Combien de cochons un paysan devait-il élever pendant des mois pour obtenir un revenu pareil ? Et encore, avec l'épée de Damoclès suspendue au-dessus de la tête, craignant les ravages de la peste porcine, alors très fréquente !

# Une saucisse vaut de l'or

L'estomac dans les talons, nous nous dirigeâmes à grands pas vers la taverne de L'Ours blanc, située à deux pas de là. Cette taverne, lieu de rencontre des paysans de la région, était bondée de campagnards qui cassaient la croûte avec leur saucisse, posée à même le papier journal et piquée au bout d'un canif pour être apportée à la bouche. Dans la fièvre de la conversation, elle se mêle au verbe haut et s'avale avec les fins de phrase ! Deux garçons costauds, en bras de chemise, ceints d'un long tablier de cuir, tenaient dans leurs robustes bras de grands bocks de bière fleurie de mousse épaisse en évoluant entre les clients avec une adresse et une vélocité stupéfiantes.

Mon père et moi nous faufilâmes vers une table qui venait de se libérer, près d'une fenêtre à carreaux et à motifs régionaux que j'admirais beaucoup. La fumée des pipes et des cigarettes, qui stagnait à hauteur d'homme tel le brouillard fantomatique qui s'enroule autour des sommets vosgiens à l'aube, m'empêchait d'avaler la moindre bouchée.

En sortant de la taverne, un chien sans collier, qui avait peut-être fugué, fourrait son nez un peu partout en zigzaguant et attira notre attention. Au bas de la rue, j'entendis un musicien chanter en s'accompagnant à l'orgue de Barbarie, ce qui était tout nouveau pour moi. Pour me faire plaisir, mon père me laissa aller l'écouter.

Au moment où je fouillais dans la poche de notre cabas pour lui laisser une piécette, notre saucisse à peine entamée tomba par terre. Alléché par l'odeur, ne voilà-t-il pas que le dogue fonça comme une flèche vers moi. Avec des aboiements stridents et des crocs menaçants... En plein désarroi, je lançai vers lui un coup de pied pour défendre ma denrée, et d'une voix tonnante : « Sale clébard, va-t'en ! – Ouah, ouah ! » il ne m'écouta guère et devenait toujours plus menaçant, sous l'œil amusé du musicien. J'avais envie de lui tordre le cou tellement ses crocs terribles me faisaient froid dans le dos. Le temps de lever la tête vers l'homme pour lui demander de venir à mon secours, ce qui devait arriver arriva : l'animal saisit notre grande saucisse dans sa gueule et fila tout droit la déposer aux pieds de son maître, qui, ravi de cette bonne aubaine, se tordait de rire. Moi aussi je ris, mais jaune, pour son indélicatesse à mon égard.

Alors papa me dit : « Tu ne sais pas que par ce temps de restriction alimentaire une saucisse lorraine pèse son poids d'or à côté de ta piécette. » Comme il avait raison !

# La pension
# l'Eden des Demoiselles

Il restait un obstacle : où trouver un box d'écurie pour m'abriter dans cette grande ville ? Mes souvenirs s'embrument, je ne sais plus quel ange gardien m'avait mis sur le chemin de l'Eden des Demoiselles, une pension privée située non loin de la cathédrale. Avec le bon salaire qu'on allait me donner, je pouvais me permettre de payer le loyer de ce logement de bonne réputation.

Arrivés là-bas, Mme la directrice nous accueillit sans même avoir la politesse de se lever de derrière son bureau. La vue d'un paysan endimanché, qui se sentait plus à l'aise sur les mottes de terre qu'en marchant précautionneusement avec ses chaussures cloutées sur le parquet glissant de cette noble pension, devait la surprendre. Et lorsque mon père lui tendit sa main rude, abîmée par les travaux des champs, en la saluant d'un hardi : « Po-chour mat-dame, tu vas bien ? » il ne savait pas qu'il enfreignait la règle du vouvoiement, trop habitué au tutoiement des paysans. Elle lui refusa sa belle main soignée, aux ongles vernis, tout en faisant une tête d'enterrement.

Cette noble dame, sur qui les années avaient passé sans vraiment l'outrager, était l'image même d'un charme qui a su garder l'essentiel de son feuillage. Tout en se balançant dans son beau fauteuil de cuir, elle posa d'un style des plus maniérés des questions à papa, garant de mon honorabilité et de ma solvabilité. Elle demanda aussi si mon père pouvait fournir tous les tickets d'alimentation correspondant à mes repas, puisque, faut-il le rappeler, la population des villes était encore sévèrement rationnée. Ne rentrait pas n'importe qui comme pensionnaire ! Il fallait montrer patte blanche.

Pendant qu'elle parlait, mes yeux étaient rivés sur une immense tapisserie qui recouvrait la moitié d'un mur. Ce Gobelin exécuté en fil de lin représentait un petit village pittoresque, avec des maisons à colombage, aux toits en forte pente. Au premier plan, trois villageoises à la coiffe ornée d'une cocarde, leur missel à la main, étaient en train de papoter à l'ombre du clocher de l'église. Un vieux pépé assis sur un banc observait d'un air paisible des cigognes voletant de-ci de-là. A ses pieds, un teckel surveillait trois poules en train de se disputer un ver de terre. A l'arrière-plan, le profil de champs de houblon et d'une petite montagne d'où émergeaient quelques têtes de vendangeurs.

Emerveillée par toutes ces belles choses que je venais de découvrir ce jour-là, je me jurai d'arriver aussi un jour à décorer mon intérieur avec d'autres objets que des images pieuses représentant le cœur de Jésus et de Marie qui ornaient la stub des villageois.

# « Vous n'avez pas droit au dîner »

Vers dix-huit heures, la nuit froide était déjà bien tombée lorsque je raccompagnai mon père à l'autobus stationné sur son parking devant la gare. Pendant le trajet, il ne fut guère loquace – son comportement habituel lorsque quelque chose le chiffonnait.

En attendant le départ de ce vieux tacot de Citroën, je m'étais assise à côté de lui. Papa, qui m'aimait beaucoup et qui était en train de lâcher sa fille unique dans une grande ville inconnue pour elle, n'arrêtait pas de me faire ses dernières recommandations. « Prends garde à toi ! Reste sérieuse et ne rentre pas trop tard à la pension, tu sais que la porte est fermée à clef dès vingt heures. » Cela fit sourire le conducteur qui s'arrêta de pianoter avec ses doigts sur le volant. Les yeux levés au ciel, il secoua la tête...

Cette litanie continuelle finit par me démoraliser. Même les autres voyageurs s'arrêtaient de potiner pour écouter. Gênée et en haussant un peu la voix, je l'interrompis : « Papa, maintenant ça suffit ; à vingt ans, je ne suis plus une gamine. » Mais il continua de me mitrailler avec ses mises en garde jusqu'au moment du départ. « Que les anges soient avec toi », me lança-t-il encore au moment où la porte du car se referma.

Lorsque l'autobus disparut à l'horizon, je me retournai. A la vue du long ruban de nos traces parallèles, des empreintes dessinées dans la neige poudreuse, je me sentis très seule. Mon cœur criait, criait : « Papa, pourquoi n'es-tu plus à mes côtés ? » J'éprouvais pour mon père, un homme intègre, pétri de hautes valeurs morales – certes un peu trop sévère à mon gré –, un amour et un respect capables de remplir un puits sans fond. J'avais toujours été l'enfant de mon *papily*, tandis que Georgel, mon grand frère, était celui de maman.

Après une journée si bien remplie, je me dirigeai d'un pas pensif vers ma nouvelle demeure avec le fervent espoir d'être à la hauteur de la tâche qui m'attendait le lendemain. Sur le pont de l'Ill, deux amoureux s'embrassaient. Un réverbère reflétait leurs baisers, dans le miroir des eaux fauves de ce petit bras du fleuve royal qu'est notre plaisant Rhin. Devant l'église Saint-Pierre-le-Vieux, un aveugle allongeait ses jambes maigres sur le macadam enneigé et tapait du bout de sa canne blanche afin d'attirer l'attention des rares passants. Une sébile avec quelques piécettes assurait sa pitance journalière. Son vieux chien, avec un filet de poisseuse bave pendant aux babines, empêchait les garnements de les lui voler. A sa vue, mon plexus se noua de pitié ; il me rappelait notre Médor, bienheureux dans l'étable bien chauffée par nos vaches et qui n'avait pour toute mission que de surveiller le troupeau.

Comme je ne parvins plus à retrouver le chemin, j'atterris dans les environs du quartier de la Petite-France. Le bruit lointain et mélodieux d'un jet d'eau faisait seul vibrer le silence. Complètement perdue, je me faufilai peu après dans le labyrinthe des ruelles qui tissent une véritable toile d'araignée autour de la cathédrale. A un moment, je croisai un agent de police en train de regarder un cocker traverser la rue. A sa vue, le chien s'immobilisa un instant, en lâchant un aboiement de principe avant de disparaître. « S'il vous plaît, monsieur, pouvez-vous me donner l'heure ? » demandai-je à l'agent. Après un rapide coup d'œil sur sa montre-bracelet, il me répondit avec une voix chantante du Midi : « Dix-neuf heures moins six minutes, ma mignonne. » Prévenant, ce gentil policier fit un bout de chemin avec moi.

A mon arrivée, les pensionnaires étaient déjà attablées dans la salle à manger. Alors que je cherchai à les rejoindre, à ma grande surprise, la fille de service me fit savoir que je n'avais pas encore droit au dîner. Ma pension pour les repas ne prenait effet qu'au lendemain matin au petit déjeuner. Déçue, très affamée et le cœur lourd, je montai, lasse, vers ma chambre. Sur chaque marche, mes pas semblaient scander : « Vous n'avez pas encore droit au dîner, n'avez pas encore, pas encore, pas encore, pas encore... » Accablée, je sentis un filet de déception et de tristesse m'envahir. Je fouillai dans le cabas que mon père m'avait laissé pour retrouver le morceau de lard cru. Comme je n'avais pas de couteau, j'y enfonçai mes canines, devenant semblable à un oiseau de proie. Par comble de malchance, j'avais donné le reste de notre pain à l'aveugle. Le creux de mes mains placé sous le robinet remplaçait la plus belle des flûtes...

Harassée par tous les événements de la journée, je m'affalai tout habillée sur mon lit. « Dieu aide les oiseaux qui savent se débrouiller de leurs ailes » fut ma dernière pensée, avant de m'endormir profondément.

Cette journée du 8 décembre 1946 reste gravée dans ma mémoire *in æternum*.

# Une première nuit mouvementée

En plein milieu de la nuit, je me réveillai brusquement, sans notion de l'heure qu'il était. La peur d'être en retard fourmillait dans tout mon corps. Vite, d'un bond, me voilà debout ! Avec beaucoup de discrétion, pour ne pas réveiller les autres, je quittai ma chambre et, pieds nus, dévalai quatre à quatre les marches pour jeter un regard sur la pendule dans le couloir du rez-de-chaussée. L'aiguille du cadran indiquait trois heures du matin ! Les yeux bombés de fatigue, je remontai avec la même discrétion. C'est alors que je m'aperçus que j'étais encore tout habillée. Et comme une somnambule, je me dévêtis et me laissai choir sous l'édredon.

Vers le matin, le vacarme des gros bidons de lait fit office de réveille-matin et me fit sursauter. Encore à moitié dans les bras de Morphée, je frottai mes yeux congestionnés avant de pouvoir me lever et prendre appui sur le rebord de la fenêtre. Dehors, il neigeait à gros flocons. Encore une bonne rasade d'eau du robinet pour éteindre le feu de la salaison du lard qui couvait encore, et je dévalai de nouveau les marches. Cette fois-ci, l'aiguille indiquait six heures un quart. Un grand ouf de soulagement ! J'avais largement assez de temps devant moi pour faire ma toilette. L'esprit bien tranquille, je remontai sans hâte, la bouche déformée par des grands bâillements.

En partant la veille de la maison, je n'avais rien emporté, croyant que je ne serais embauchée qu'à partir de janvier. Il ne me restait rien d'autre que de plonger le visage dans l'eau de mon petit lavabo et de le frotter avec mes deux mains. Ma taie d'oreiller remplaça la serviette-éponge et mon index la brosse à dents. A présent bien réveillée, j'enfilai mes habits et peignis l'enchevêtrement des queues de rat qui constituaient ma coiffure du matin à l'aide de mes doigts.

La tête pleine d'angoisse, l'aide-comptable fraîchement émoulue, comme un bleu qui allait rejoindre sa caserne, patienta un bon moment devant la salle à manger, d'où filtra bientôt un rai de lumière. La fille de service, à l'allure nonchalante, prit tout son temps pour me servir. Contrairement à elle, j'étais sur des charbons ardents pour être à l'heure à mon bureau. Alors que j'avalai au lance-pierres mes deux biscottes légèrement beurrées, mon œil était rivé sur le cadran de la montre murale, dont la trotteuse trottait, trottait toujours plus vite comme mes pensées. En enfilant lestement mon manteau, je m'aperçus que j'avais oublié ma toque – ce qui me fit remonter pour la énième fois les deux étages.

Dehors, les bourrasques de neige m'aveuglaient et m'empêchaient de courir. De loin, j'entendis la sonnette du wattman. En dernière minute, un voyageur sur la plate-forme me tendit la main et... me voilà partie !

Assise dans le tram, j'eus soudain la forte impression que saint Matthieu, patron des comptables, me tenait la main, comme une maman tient celle de son enfant le jour de la rentrée à la maternelle.

Dès mon arrivée au bureau, le comptable me demanda de faire des additions avec des tonnes de retenues, à tel point que j'avais peur que ma tête ne tombe entre mes pieds. Un travail important m'attendait, dans lequel je me lançai à corps perdu.

# Quel métier !

Me voilà alors catapultée dans la comptabilité, une profession dont je n'avais que peu de notions et pour laquelle je n'avais pas toutes les qualifications requises. Les quelques mois sur les bancs de l'école de commerce m'avaient surtout permis de réapprendre le français.

On m'installa dans un bureau très sobre, éclairé côté sud par deux fenêtres. De l'autre côté, un guichet vitré me permettait de gratifier d'un large sourire les bateliers qui venaient régler leurs affaires. J'étais assise devant une espèce de table qui faisait office de bureau. Ce plan de travail était garni d'un grand tampon buvard, d'un encrier, d'un porte-plumes et de crayons de papier devant lesquels attendaient deux ou trois gommes dont j'étais certaine de devoir me servir souvent. A l'extrémité de ce bureau, plusieurs cahiers d'écolier me souhaitaient la bienvenue. Derrière moi, un vieux porte-manteau, qui servait au chef-comptable installé dans le bureau attenant et au comptable qui était assis en face de moi, à une autre table. Et naturellement ces deux locaux étaient dépourvus de téléphone.

Du matin au soir, je m'investissais corps et âme pour ne pas décevoir Renaud, le comptable, qui m'expliquait gentiment les grandes lignes et me laissait après me familiariser avec le reste. En cas d'erreur, je mettais à profit l'heure du déjeuner pour m'enfermer à l'insu de mes collègues et, à quatorze heures, reprenais le harnais avec le ventre creux et la tête farcie d'additions comme si de rien n'était.

Sur un cahier d'écolier, bien souvent, mes additions à six chiffres s'écroulaient comme une pyramide d'allumettes et ma gomme s'usait aussi vite que mon crayon à papier. Mais une fois qu'elles correspondaient au total exact, le bec de ma plume pleurait l'encre sur un registre, comme une maman qui venait d'accoucher d'un beau bébé. Même la nuit j'occupais mes rêves avec des chiffres. Telle cette nuit, où je me vis en train de pomper à notre abreuvoir mais, au lieu de l'eau, c'étaient des chiffres qui s'écoulaient à une vitesse vertigineuse de la gargouille, sous l'œil médusé de nos vaches beuglantes. Dans un autre songe, je me vis en train de repiquer des plants de choux cabus, dans un énorme champ en plein milieu de la ville. La statue de Gutenberg descendit de son piédestal et transforma d'un coup de baguette magique les plants en additions indéchiffrables, tandis que mon frère me chantait : « Ne pleure pas, ne pleure pas, ma sœur, tu l'as voulu ! »

Quelle aide-comptable de nos jours se voit encore entortillée avec des cauchemars pareils ? A présent que l'ordinateur et la machine à calculer sont rois...

# La voleuse de serpillière

La troisième nuit, un mince filet rouge qui s'écoulait le long de mes jambes me réveilla. Oh ! *Sancta Maria*, me voilà dans de beaux draps ! Il ne me restait rien d'autre à faire que de remplacer une bande hygiénique inexistante par mon jupon plié en quatre. Je n'avais toujours pas d'effets personnels...

La matinée de travail passée, je rentrai à la pension pour le déjeuner et, avant même de m'attabler, je rinçai cette éponge déjà bien détrempée dans le petit lavabo de la chambre et la posai sur mon radiateur dans l'espoir de pouvoir m'en resservir le soir. Et, à la guerre comme à la guerre, il ne me restait plus que le papier journal, qu'on utilisait encore à toutes les modes en cette époque de pénurie. C'était la seule solution pour sortir de ma situation embarrassante.

En passant dans le couloir, je vis la porte du placard de service entrouverte. Une serpillière neuve sur une étagère fleurait bon la tentation. Même avec ma meilleure volonté, je ne pus y résister. Un rapide coup d'œil à droite, un autre à gauche, ni vu ni connu... Que Dieu me pardonne, me voilà sauvée ! Une délicieuse couche de contentement recouvra alors mon corps reconnaissant.

Pour ne pas perdre ce gros paquet précieux, ma démarche paysanne s'était transformée en un maintien lumineux de starlette lors d'un défilé de mode d'aujourd'hui. J'étais très à mon avantage, il faut savoir en profiter n'est-ce pas ? Au bureau, mes collègues, tous masculins, m'avaient demandé si par hasard je ne prenais pas des cours de maintien. Comment leur répondre ? Avec un professeur nommé Serpillière, mes chers !

Le soir, en entrant dans la salle à manger, on me mit d'office à une table à l'écart où un mot, très visible aux yeux des autres pensionnaires, m'attendait : « Mademoiselle Muller est convoquée après dîner chez madame la directrice ». Ce qui n'annonçait rien de bon pour moi. Oh ! mon Dieu, quel crime avais-je donc commis ? Bien vite, il y eut des rires étouffés et des chuchotements parmi les autres filles. J'avais envie de m'enfuir, mais pour rien au monde je ne leur aurais fait ce plaisir. Je n'avais pas de peine à imaginer l'éclat général qui aurait salué ma sortie.

La directrice me reçut, dressée sur ses ergots, et, d'un ton qui n'admettait pas de réplique, demanda : « Pourquoi avez-vous enfreint le règlement qui interdit de sécher son linge sur les radiateurs ?

Pourquoi avoir volé une serpillière neuve ? La prochaine fois, dehors ! Vous entendez, dehors !... » La voleuse que j'étais marmonnait d'une voix poitrinaire : « Mille fois pardon. » Engluée de honte, je n'osai lui dire la raison de ce larcin et combattis l'envie de pleurer, puis remontai dans ma chambre pour m'effondrer sur le lit, comme rouée de coups.

Comment faire pour démasquer le Judas qui m'avait trahie ? Et pourquoi toutes ces filles se liguaient-elles contre moi ? Immergée dans le dialecte alsacien, handicapée par la maîtrise insuffisante du français, je faisais mille efforts inutiles pour entrer dans leurs bonnes grâces et contenais mal mes sentiments d'être jugée ou méjugée par ces demoiselles aux acquis culturels qui me faisaient défaut. Je ne bâillais pas comme elles dans les bibliothèques et ne m'étais pas brisé les reins sous les toits de l'université, mais m'étais déchiré la plante des pieds en labourant, hersant et piochant la terre.

Dans cette pension si honorable, je me sentais comme un oiseau venu d'ailleurs, un peu perdu dans cette volière et qui fait pépier les autres avec ses ailes trop petites. Ces lettrées parlaient bien trop vite, et bien des phrases m'échappaient à cause de leur accent incompréhensible pour moi. Beaucoup de leurs expressions m'étaient totalement inconnues. « Mon Dieu ! se moquait un jour une de ces demoiselles très collet monté, lorsqu'elle parle français, avec son accent de gros sabot lorrain, on dirait qu'elle hache de la paille boche», ce qui provoqua des fous rires à gorges déployées. Oh! combien j'ai regretté de ne pouvoir participer à leur conversation. Bien vite, j'éprouvai un lancinant sentiment d'infériorité face à ces demoiselles qui se réunissaient après dîner dans le petit salon pour y parler littérature, notion inconnue pour moi qui ne possédais que des maîtrises de fumier et de purin.

Esseulée dans ma petite chambre, à la lumière blafarde, mes pensées attristées s'envolaient vers mon village, où mes copines s'adonnaient joyeusement à des distractions lors des veillées. Tandis que moi, la nouvelle citadine, je me morfondais avec, dans mon âme, une solitude infinie. Mon image de la ville, avec ses lendemains qui chantent, venait de se dégrader un peu, voire beaucoup.

# Le retour de l'enfant prodigue

Dans la soirée du samedi, je pus enfin rentrer chez mes parents pour changer les frous-frous dans lesquels je macérais depuis quatre jours. Quel soulagement !... Ecrasée par la fatigue, je m'étais platement endormie dans le car durant toute la durée du parcours. Sur les hauteurs de l'avant-dernier village, à peine trois kilomètres avant ma descente, la voyageuse assise à mes côtés me réveilla. Je vis alors le pinceau des phares éclairer de grosses congères de neige devant le bus bloqué.

Dehors, des vents violents semblaient s'être donné rendez-vous dans la journée. Le conducteur enleva sa casquette et, pour mieux réfléchir, soutint de sa main son menton en galoche. Au bout d'un moment, il lança : « Y a-t-il des volontaires pour retourner au village demander l'aide d'un chasse-neige ? » Personne ne broncha... Il leva alors un regard déçu vers le rétroviseur autour duquel était entortillé un chapelet d'où pendait la médaille de saint Christophe.

Il s'en empara en pestant et sortit du bus. Le pauvre n'arrêtait pas de pousser des jurons contre tout ce qu'il touchait, tandis qu'il fourrageait à l'arrière du car, à la recherche d'une pelle pour déblayer ces gros amas de neige. Aucun voyageur ne descendit pour l'aider. Paresseusement assis au chaud, ils se contentaient de l'observer.

Exaspérée par leur attitude avachie et connaissant le chemin, je préférai rentrer à pied par un raccourci. Tour à tour, je relevai mon châle autour de mes oreilles pour mieux les protéger de la bise glaciale et soufflai sur les bouts de mes doigts pour en chasser l'onglée. Le froid et la peur me tenaillaient, j'avançais péniblement. Le doute m'envahit soudain. Et si je m'étais trompée de direction ? Qu'allais-je devenir ? Personne ne me retrouverait ! Pour m'encourager, je me redressai en me disant : « Mais il n'y a aucune raison que je me perde ! »

Un vent d'aquilon remonté de la vallée soufflait comme un ouragan et s'infiltrait sous mon jupon pour se frotter contre mes jambes. Une impression d'abandon m'envahit, mais, soudain, elle fut effacée à la vue d'un ange gardien qui venait à ma rencontre. En l'occurrence Georgel, mon frangin. Le souvenir de nos taquineries s'envola. Je n'avais plus froid... Une douce chaleur, bien vite, se mit à circuler dans mes membres... Les liens du sang sont toujours les plus forts !

A la maison, en l'honneur du retour de l'enfant prodigue, un dîner de fête préparé avec beaucoup de soin m'attendait. Une larme de reconnaissance et d'amour filial coulant sur mes joues y répondit. Dans ma pension, les rations n'étaient guère gargantuesques, les cartes d'alimentation n'avaient pas encore pris de l'embonpoint. Jugez-en plutôt : à midi, une assiettée de radis noirs râpés, un steak haché de la taille d'un grand confetti, deux petites pommes de terre cuites à l'eau et pour dessert une poire. C'était peu pour la jeune paysanne au grand appétit qui allait ainsi se délester chaque jour un peu plus de ses bourrelets.

Tandis que j'étais attablée dans la cuisine, où de grosses bûches crépitaient dans la cuisinière, cinq paires d'yeux me fixaient et me posaient mille questions à la fois. « Alors raconte, mais raconte donc ! » Ils avalaient mes mots plus vite que moi mon civet de lapin accompagné de pâtes fraîches un peu trop cuites. Fièrement, je leur contai ma première semaine avec beaucoup de prudence dans mes détails. Puis j'enchaînai : « Dans ma pension, le petit déjeuner se compose de lait crémeux et de bonnes tartines, avec une couche de beurre si épaisse qu'on peut y voir les marques de mes dents. Quant au repas, les mets les plus fins et, pardon, à volonté... » Papa me regarda puis se gratta derrière l'oreille en me disant : « Là, ma fille, tu exagères, c'est plutôt le contraire. » Comme il avait raison !

# Leçons du curé de mon village

Pensez donc ! L'humble fille de campagne que j'étais faisait désormais partie d'une paroisse qui avait comme église la magnifique cathédrale Notre-Dame. Pendant toute la semaine, je frétillais d'impatience de pouvoir annoncer cette bonne nouvelle à M. le curé !

Le dimanche, après les vêpres, je me permis donc d'aller tirer la sonnette du presbytère de mon village. La mine contrariée et d'un air agacé, le curé m'apostropha :

– Pourquoi tu viens me déranger? Le jour du Seigneur, on ne dérange un ecclésiastique que pour les extrêmes onctions et, à ce que je vois, tu pètes la santé !

– Mais, monsieur le curé, je suis seulement venue vous demander un certificat de baptême. J'ai l'intention de me faire inscrire au plus vite dans la paroisse de la cathédrale pour faire partie des filles de Marie.

– Ah ! ah ! je vois ! La cathédrale ! La cathédrale ! L'église de ton village ne te convient donc plus? Pourtant l'une et l'autre sont les maisons de Dieu.

Mais n'oublie pas que notre église est l'endroit où tu as fait ta première communion et dans laquelle tu as été baptisée ! Je me souviens de ton baptême comme si c'était hier. Tout au long de la cérémonie, tu étais très sage, mais lorsque j'ai déposé le sel sur tes lèvres, tu as donné de la voix au point d'en faire résonner les murailles. Au sortir de l'église, j'ai même failli m'étaler en glissant sur les dragées jetées par ta marraine et ton parrain. Lors de ton instruction religieuse, j'ai deviné en toi une forte personnalité doublée d'ambition. A présent, la folie des grandeurs t'habite, c'est un péché que je ne puis absoudre. Petite prétentieuse, reviens quand tu seras redescendue de ton piédestal ! Et n'oublie pas que c'est moi, le curé de ton village, et pas un monseigneur, qui ai contribué à ton épanouissement spirituel !

A ce moment, j'eus envie de répondre à ce chef spirituel qu'il ouvrait sa main plutôt pour châtier que pour bénir. Mais le respect que je lui devais m'en empêcha. Ce fut de courte durée : « Monsieur le curé, vous m'avez imposé un chemin de vie plein de chardons avec votre pouvoir dictatorial. Vous m'avez assez empoisonné le passé, je ne vous laisse pas encore de droit sur le présent », lui lançai-je. Et, pivotant, j'ajoutai : « Un dernier au revoir, mon révérend monsieur le merveilleux représentant de Dieu. »

Sur le chemin du retour, la mentalité de clocher collée à mes semelles, mes pensées oscillaient entre passé et présent.

# Premier baiser

Vous vous souvenez sans doute de mon livre *Un amour pour la vie*, dans lequel j'ai narré ma rencontre avec Léon, le fils de ma logeuse de Sarrebourg, où j'avais accompli ma scolarité. Il était chef de service à la gare de cette petite ville, où il habitait toujours avec sa gentille maman.

Comme convenu entre nous, chaque vendredi soir, à l'insu de mes parents, Léon me télégraphiait par morse au bureau de poste du service de la gare de Strasbourg pour prendre de mes nouvelles. Au début du mois de janvier, il m'apprit qu'il viendrait le lendemain avec le train de treize heures. Trente-cinq minutes, c'était le temps imparti pour atteindre la gare depuis mon bureau. Retenue ce samedi matin à cause d'une réunion, je dus courir pour attraper le tram en marche et bondis d'un élan prodigieux sur le marchepied sous le regard horrifié des voyageurs.

Arrivée à la gare, la tête bourdonnante de bonheur, je l'attendis avec une impatience fébrile sur le quai où devait arriver son train. Lorsque le convoi entra en gare, la locomotive lâcha un énorme jet de vapeur dans un bruit assourdissant. Un sursaut me fit reculer et trépigner d'une joie si intense que j'eus peur de défaillir en revoyant l'élu de mon cœur. Nous n'avions pu nous voir pendant les jours de fête de fin d'année, que nous avions passés dans nos familles. Vite, je mordillai mes lèvres pour en raviver la couleur et arrangeai les mèches frisées qui dépassaient de ma toque.

De loin, je reconnus ce beau jeune homme d'allure avenante dans le pardessus croisé qui rendait ses épaules carrées sous son large feutre gris. Avec mes ailes amoureuses, je volai au-devant de lui puis, enlacés, nous échangeâmes notre premier baiser, éternel souvenir dans mon cœur. J'ai toujours en mémoire la prunelle de ses yeux et sa figure lumineuse de tendresse, qui sont plus vastes pour moi que l'infini du monde. Il avait hérité cette tendresse de sa maman. Je connaissais bien cette merveilleuse dame qui savait ouvrir des brèches là où existaient des murs. En mon for intérieur, je remerciai Dieu d'avoir placé Léon sur mon chemin ; jamais je n'aurais espéré rencontrer un homme pareil.

Nous vécûmes nos premiers émois amoureux au hasard des rues du vieux Strasbourg en nous tenant la main, sans rien dire, dans le silence, pour mieux ouvrir nos cœurs. Avec un sens inné du romantisme, je me plaisais à déceler partout des présages heureux.

Assis tous les deux sur un banc dans l'Orangerie, le poumon vert de la ville, et profitant d'un timide rayon de soleil hivernal, Léon me demanda ce jour-là d'une voix émue : « Pourquoi m'aimes-tu, ma petite Etoile de la terre, je n'ai rien d'attirant ? Et avec cette grande différence d'âge entre nous... La jeunesse en sa fleur brille sur ton beau visage, tandis que moi ? – Je t'aime parce que Dieu t'a créé pour moi, et je t'attends sans le savoir depuis que je suis née ; voilà pourquoi ! » Puis il sortit de son portefeuille une photo récente de sa maman, ce talisman qu'il portait sur son cœur : « Tiens, regarde, elle aussi t'aime beaucoup. » Avec une larme de mon cœur, je contemplai alors la radieuse image d'une bonté angélique dont j'avais retrouvé la trace chez son fils.

Sur le chemin du retour, le ciel m'apparut tout entier, avec ses toiles de velours. Profondément éprise, je m'imaginais que nul avant moi n'avait aimé si profondément, si intensément. J'étais persuadée que je venais d'inventer l'Amour. Ce soir-là, après son départ, l'extase me grisait complètement. Mes baisers rayonnaient jusque dans les cieux et s'envolaient encore vers lui comme des papillons en quête du Paradis. Et les anges et les archanges m'apprenaient des mots d'amour que je lui chanterais tous les jours.

Chaque fois que je prends le train, je revois encore, avec émoi et mon cœur rempli de bonheur, l'endroit exact de ce quai de gare, témoin muet de notre premier baiser d'amoureux.

# Une virée hivernale

Durant les longues soirées d'hiver, après le dîner, rejetée par les autres pensionnaires, je me languissais seule dans ma chambre. La faible lumière de l'ampoule qui pendait à un fil au très haut plafond ne me permettait de m'adonner ni à la broderie de perles, ni à la peinture, encore moins au maniement du fuseau. Pour calmer mon caractère hyperactif, je proposai alors mon aide à la fille de service, non sans peur d'être découverte par les autres pensionnaires. Raymonde, qui savait lire la grande déception dans mes yeux, était la fille aînée d'un cultivateur de tabac. Le courant passa très vite entre nous deux, habituées à frotter et astiquer les casseroles.

Fin janvier, j'acceptai l'invitation de ses parents à passer quelques jours chez eux. Son père, bien emmitouflé dans une grande écharpe et coiffé d'un passe-montagne, vint nous chercher au terminus d'un tram, assis sur la banquette d'un traîneau attelé de deux chevaux, les pretintailles à la crinière. Nous prîmes place à l'arrière, les jambes glissées dans un tas de paille d'avoine – qui diffuse une plus grande chaleur que le blé –, et hue dada ! direction la ferme ! La vie est belle. Quand un autre traîneau nous croisait, chacun des deux conducteurs se levait et dressait son fouet en l'air, en claquant deux ou trois « flic-flac ! » vers le ciel, en signe d'un bonjour amical.

Ah ! la féerie de la plaine d'Alsace enneigée m'avait prise dans ses bras... Je croyais mourir de plaisir... Je me prenais pour la grande Catherine traversant les steppes de Russie. Et lorsque je racontai plus tard à mon fiancé cette magnifique virée hivernale, les yeux illuminés de bonheur, il me répondit : « Ce qui me plaît le plus chez toi, c'est que tu restes une petite fille émerveillée. »

Arrivés à destination, à la nuit tombée, la maman de Raymonde et sa fratrie de neuf frères et trois sœurs nous attendaient dans une grande cuisine bien chauffée, réunis autour d'une longue table en orme, les estomacs ouverts à des promesses de délicieuses mangeailles. Après le bénédicité, une bonne fricandelle bien épicée et à la succulente sauce au vin rouge me régala comme jamais. Ce bon repas de fête – poumons, cœur, foie et rognons – était comme chez mes parents d'usage lors de l'abattage d'un cochon.

A la fin du repas, le père se leva pour une partie de cartes avec ses copains. A la porte, il se retourna et lança à son fils aîné : « Guy, cette nuit tu rendras visite à Rosalie pour soulager grand-père. » Mon sang ne fit qu'un tour, je me cramponnai à la table : « Mon Dieu, qu'est-ce que ?... » Mais déjà Raymonde se tordit de rire de cette bourde de son papa. Par hasard, la génisse des grands-parents, en attente de son premier vêlage, s'appelait aussi Rosalie... Lorsque Raymonde parlait de moi à ses parents, elle disait toujours : « Mon amie, la gentille demoiselle. » Son père ne pouvait donc pas savoir. Le lendemain matin au petit déjeuner, tout le monde se plia de rire, lorsque je leur eus raconté que j'étais née sur un tas de trèfle dans une grange et non dans une étable. Et moi-même je crois n'avoir jamais tant ri de toute ma vie que dans cette joyeuse tribu où jeunes et vieux prisaient de leur tabac.

Dans la chambre à coucher que Raymonde et sa sœur partageaient avec moi, des feuilles de tabac à sécher étaient suspendues le long des murs. M'apercevant de la grande gêne de mon amie, je lui décrivis alors ma chambre à moi à la ferme. Sur les murs, des papiers peints imaginaires étaient décorés de chapelets de saucisses lorraines, d'épaisses bandes de lard, de jambons ronds et mafflus. Tout cela était verni d'une patine noirâtre provenant des fumées exhalées par les bûches de chêne qui brûlaient dans la grande cheminée de la cuisine. Ce délicieux fumet, incomparable produit du terroir, embaumait toute la nuit la pauvre Rosalie dans son lit, comme le parfum divin des favorites des rois ! Imaginez-vous mon calvaire ? Pendant tout le temps de carême, jours d'abstinence de viande, il me fallait toute la force du caractère pour ne pas toucher à ces cochonnailles à l'odeur alléchante qui chatouillait mes papilles de peur d'aller tout droit en enfer. C'était l'île de la Tentation, comme le jardin du Paradis d'où Adam fut chassé parce qu'il ne savait pas résister à la pomme que lui tendait Eve. Aujourd'hui, avec le recul du temps, j'avoue que ce cruel interdit m'avait forgé comme un fer rouge pour savoir résister à la tentation.

Je me rappelle encore que, dans ma chambre d'enfance, il y avait le long des plinthes une file d'attrape-souris qui faisaient le guet comme des hussards en faction. Ce que naturellement la gent trotte-menu, rusée comme un renard, ignorait, préférant aller se vautrer dans un grand sac de farine posé dans le coin de la fenêtre en creusant des tunnels dans la toile de jute. En signe de remerciement, ces adorables petites peluches nous laissaient bien volontiers des petits souvenirs, comme une armée qui venait de conquérir une forteresse sans résistance. Une fois la farine minutieusement filtrée avant chaque fournée de pain, ces minuscules confettis étaient mélangés à la semence des graines du potager. D'après une vieille croyance, ce procédé éloignait les taupes et les mulots.

Ce n'est que pendant la Libération qu'un soldat américain, qui avait réquisitionné ma chambre, arracha les plinthes et saupoudra le long des murs de fins débris de verre. Un passage infranchissable pour ces petites pattes roses. Un système de Taylor que les paysans ignoraient. Ainsi, ce brave G.I. ne délivrait pas seulement la France de l'envahisseur, mais aussi la chambre de la petite *Frenchie* de Minnie la petite souris.

# Mes trajets en tramway

Comme vous le savez, un vieux tramway datant du début du siècle me permettait de faire l'aller-retour, deux fois par jour, de ma pension à mon travail. Tous les matins, à la même heure, ce moyen de locomotion à trois wagons était bondé d'ouvriers et d'employés. Je croisais d'un jour à l'autre les mêmes personnes qui reprenaient leur travail avec leurs soucis et leurs peines.

Après ces années de guerre, ils frémissaient de bonheur d'être redevenus des racines de liberté et enfin d'être respectés en tant qu'êtres humains, ce qui n'était pas le cas sous l'Annexion nazie. Ces braves gens mettaient leur espoir en une vie meilleure et portaient en eux leur zèle de vivre.

Dans mon wagon habituel, il y avait ce grand douanier dans un uniforme dont les plis du pantalon tombaient comme des lames de rasoir et qui venait toujours s'asseoir un moment à mes côtés. Après m'avoir saluée, ce coquin me serrait la main avec un air de loup-garou et un sourire qui voulait tout dire : « La poulette a encore fait cette nuit le rêve sucré d'un grand cornichon aigre ? » Puis il jetait un premier regard sur les gros titres du journal qu'il tenait dans sa main gauche, comme l'était son comportement. L'air satisfait, il repliait minutieusement le journal pour le fourrer dans sa poche, en faisait exprès de placer l'actualité la tête en bas pour qu'on ne puisse pas lire. Ensuite, ce commis de la douane se levait pour se retenir à la barre d'appui afin de pouvoir surveiller les voyageurs suspects, une habitude de son métier. Il me tournait toujours le dos, de peur que je lui vole son visage sur lequel sa lippe découvrait une mauvaise dentition. C'était une ritournelle à laquelle je m'étais habituée, forcément.

Comment vous décrire Lola, une jeune Polonaise déportée par les nazis qui attendait un signe de la Providence pour pouvoir retourner dans son pays, occupé par les Russes ? Cette blonde beauté slave, d'une politesse exquise et d'une verve artistique, était toujours vêtue d'un long tablier de ménage qui dépassait de son vieux manteau trop court. Elle frottait et astiquait à longueur de journée chez des gens, elle s'efforçait de bien les servir à table alors qu'elle était hautement diplômée dans son pays. Rapidement elle me serra les doigts dans sa main, pour marquer le passage du rang de la connaissance à celui de l'amitié. C'était une jeune femme merveilleuse et la plus gentille que j'ai jamais rencontrée. Lola avait sur le visage une expression surnaturelle qui lui tressait une couronne immortelle. Elle me dit un jour d'une voix voilée et nostalgique : « Le plus beau paradis est celui qu'on a perdu ! » Peu de temps après, la vie nous sépara à mon grand regret.

Il ne faut pas que j'oublie Omar, ce jeune Togolais emmitouflé dans une longue écharpe rouge, un gros bonnet de laine enfoncé jusqu'aux oreilles et muni d'oreillettes qui pendaient comme les oreilles d'un épagneul. Tous les jeudis après-midi, jour de congé, il faisait sa tournée hebdomadaire. Une bonne quinzaine de chaussures réparées et ressemelées, suspendues sur ses deux épaules aux crochets d'une corde, ne lui permettaient pas de s'asseoir. De ce fait, il était obligé de rester sur la plate-forme. Il descendait à la première halte pour les livrer aux clients et, le soir, remontait deux stations plus loin, avec d'autres chaussures à réparer, ravi d'avoir gagné un peu d'argent de poche de la part du cordonnier. Un jour, je lui demandai : « Comment un Africain, habitué au soleil, peut-il se sentir chez nous en hiver ? » La tristesse se lisait sur son visage lorsqu'il me répondit : « Comme un escargot en plein Sahara. » Alors je me permis de lui demander : « Pourquoi ton papa t'a-t-il envoyé en Alsace ? » Il se gratta la tête, et après un long moment de réflexion : « Mon papa est un missionnaire blanc, mais je n'ai pas le droit de l'appeler autrement que "mon père". Et c'est "mon père" qui m'a envoyé à Strasbourg, pour me permettre de faire des études supérieures. Lorsqu'il venait voir ma maman, il m'enseignait les études primaires. Mais ce qui me peine beaucoup, c'est que mes hôtes, que j'appelle "Monsieur et Madame", ignorent qu'ils sont mes grands-parents. » *Confutatis maledictis* ! A l'époque, j'eus beau raisonner, je n'y comprenais rien. A mes yeux, les missionnaires n'avaient que des sentiments religieux et n'éprouvaient aucune tentation physique...

Chaque matin, les voyageurs du tramway se réjouissaient de voir monter à la deuxième station Hansi, un petit ouvrier du Port du Rhin. Avec sa bedaine très prononcée, il ne devait pas cracher sur la bière. Ce petit rigolo avait l'air d'une grosse pomme sur deux cure-dents, avec ses jambes grêles et très courtes. Dès son arrivée dans le wagon, ce joyeux luron faisait un déboulé sur son siège, puis calait sa tête contre le dossier, allumait une cigarette et soufflait un nuage de fumée en l'air, heureux et toujours content comme un petit prince. Et lorsqu'il souriait aux voyageurs, en les divertissant avec des histoires électriques, ses petits yeux vifs disparaissaient complètement. Heureusement, il y a des gens comme lui qui distribuent l'impact de leur joie de vivre sur les monotones par nature.

Souvent, le matin, une jeune femme de nulle part, qui venait de caresser les soleils du trottoir, montait d'un air fatigué et me disait bonjour. Cela me permettait de regarder son visage fragile, comme ses nuits qui ne faisaient que passer au hasard des rencontres, son visage verrouillé par les voies sans issue, son visage où étaient inscrites les nuits trop fatigantes... C'est dans ces moments-là que je me rendais compte de la chance que j'avais.

Un jour mon directeur me pria d'emmener son chien de garde chez le vétérinaire. Debout sur la plateforme je tenais la bête en laisse. Soudain, deux jeunes recrues montèrent à bord. Mes oreilles à haute fréquence entendirent l'un dire à l'autre, d'une voix basse, à l'accent de la France profonde : « Tu vois César, le chien de la jeune fille c'est un *alsachien* », et l'autre de répondre : « Comment le sais-tu ? – Eh bien, lorsque nous sommes arrivés en Alsace, le sergent nous a bien dit : "Il faut toujours caresser les Alsaciens dans le sens du poil, sinon ils sont capables de mordre, et comme il porte une muselière...!" » Cela fit sourire la bonne Lorraine que je suis.

Je ne peux m'empêcher de vous raconter une autre anecdote. Un dimanche après-midi, dans le quartier du parc de l'Orangerie, monta une gouvernante accompagnée du fiston de ses patrons. Tous deux prirent place en face de moi. Le gamin n'arrêtait pas de balancer ses gambettes contre mes genoux. Pour le calmer, je lui offris deux caramels. La gouvernante de dire : « Monsieur Charles-Edouard, veuillez s'il vous plaît remercier la demoiselle. » Le pitchounet secoua la tête. Elle reprit : « Allons, pour me faire plaisir, faites-lui donc la bise. » Le petit prince de lui répondre : « Non et non, je suis comme mon papa, je ne bise jamais une vieille peau. » J'eus hâte de bien me regarder dans le miroir...

# Rencontres avec un grand artiste

De temps en temps, un certain Germain Muller venait à mon bureau rendre visite à son copain Arthur, un employé de La Rhénane. Cela me donnait chaque fois l'occasion à la descente du tramway de faire un bout de chemin avec ce jeune homme élancé, un peu taquin sur les bords. Et lorsque deux Muller se rencontrent, naissent des histoires d'amour fraternel, comme il en existait autrefois entre les Alsaciens et les Lorrains. Les deux jumeaux inséparables, si dissemblables et pourtant si proches, se glorifiaient avec ce refrain :

*Je t'aime, moi non plus, mais je t'adore.*
*Toi tu es le Taureau et moi le Toréador.*

Qui aurait pu deviner que Germain deviendrait peu de temps après le célèbre cabarettiste, qui créa le théâtre strasbourgeois Le Barabli renommé dans toute la région, et que Rosalie, au soir de sa vie, serait « la mamie la plus célèbre d'Alsace » et assurément la plus lue ? Il faut savoir que jadis la vie d'un artiste était vue comme une vie de débauché, à laquelle il ne fallait pas se mêler sous peine d'être renié par son entourage. Et les écrivains étaient des inconnus pour les paysans, qui n'avaient pas le temps de s'adonner à la joie de la lecture. Heureusement, ce n'est plus le cas de nos jours. Quel destin éblouissant de pouvoir vivre sa vocation avec passion et donner des parcelles de bonheur aux autres !

# Le pardon sublime

Un jour dans le tramway, je me trouvai en face d'un jeune homme coiffé d'un grand feutre noir. Son long visage blafard était abîmé comme un timbre-poste oblitéré. Tapi sur son siège, les yeux baissés et les mains dans les poches de son long manteau noir, il semblait se confiner dans un monde à lui. C'est alors que deux adolescents l'invectivèrent en des termes injurieux. Le contrôleur de passage les entendit dire d'une hardiesse excessive, en s'esclaffant: « Hé ! Rabbi Jacob, sais-tu pourquoi les juifs se coiffent d'un grand chapeau ? C'est pour cacher leurs longs nez ! » Outragé par l'insolence de ces deux effrontés, le traminot leur répondit en haussant la voix : « A qui comme vous n'a pas de tête, point de chapeau ! » et les remit vertement à leur place, sous les applaudissements des autres voyageurs.

Là-dessus, l'insulté répondit d'une voix douce : « Monsieur, ne les réprimandez pas, je suis tellement heureux de voir des garnements s'amuser. A leur âge, j'étais interné dans un camp de concentration. » Puis il sortit ses mains mutilées et releva sa manche pour montrer le tatouage de son numéro d'immatriculation.

Ce n'est que beaucoup plus tard que j'ai mesuré la grandeur d'âme de cet homme. Encore aujourd'hui, j'ai beau méditer ses paroles, qui m'appellent à prendre exemple sur lui, malheureusement, je n'ai pas la grâce d'y arriver, à mon grand regret. Mes chers lecteurs, qu'en pensez-vous ? Pour pouvoir se réjouir du bonheur de ceux qui se font un malin plaisir à nous offenser, ne faut-il pas être un ange ?

# Madame Lilibeth, ma logeuse

Dès mon enfance, mes parents m'avaient insufflé le courage et conseillé vivement de développer l'esprit d'épargne afin de n'être pas prise au dépourvu, la bise venue. En voyant le printemps arriver, je me dis : « Si par hasard je trouvais une chambre garnie proche de mon travail et si par chance je pouvais faire mes trajets en bicyclette, j'économiserais pas mal de temps et d'argent. »

En ces années d'après-guerre, faute de personnel disponible, les PTT se voyaient obligées d'engager en hiver de jeunes paysans pour remplacer les facteurs en arrêt de maladie. Un samedi après-midi, je rencontrai ainsi un cousin éloigné qui avait été embauché pour distribuer le courrier dans l'avenue des Vosges jusqu'en mars. C'est un quartier résidentiel aux belles maisons en retrait de la rue, avec de larges trottoirs bordés d'arbres. Au fil des mots, il me demanda si je ne connaissais pas une jeune fille, bien sous tout rapport, qui cherchait un garni chez une noble dame esseulée, habitant une très belle maison de maître. Son mari, un industriel, venait de la quitter pour aller vivre à Paris avec sa secrétaire. Quelle aubaine ! Je sautai sur l'occasion et me rendis l'heure d'après à l'adresse indiquée.

Une belle dame moulée dans une robe en velours indigo, les yeux bleu-vert, avec de beaux cheveux blond cendré qui tombaient comme une cascade sur ses épaules, me reçut sur le palier en tenant un beau toutou dans ses bras. Elle laissait apparaître à son poignet un gros bracelet en or finement ciselé, à la fois discret et ostentatoire. De suite, le petit bichon élégant se trémoussa et essaya de me lécher la figure. Tout en lissant son long poil de ma main, je lui soufflai : « Holà, holà, hé ! mon petit bonhomme, je me suis déjà débarbouillée ce matin. » Là-dessus, la charmante dame déposa le chiot par terre, lequel commença à frétiller de la queue et finit par lever sa petite patte sur mes souliers pour me parfumer. D'un air désolé, la dame agita alors son index pour gronder son demi-dieu. « En voilà une façon d'accueillir cette demoiselle, ma petite Pétrelle », dit-elle. Puis elle le reprit dans ses bras en lui ligotant son petit museau.

Après m'avoir examinée de la tête aux pieds, elle m'obligea à me déchausser, avant de me faire visiter une grande chambre avec un beau balcon qui donnait sur l'avenue. Cette belle pièce aux larges lattes en chêne bien cirées était richement meublée. Lors de notre conversation, je compris que cette dame ne devait pas être facile à vivre et pus assez vite la cataloguer. Une petite voix intérieure me dit : « Son mari ne devait pas être couché sur des roses tous les jours, et toi, ma fille, fais gaffe de ne jamais prononcer une parole maladroite devant elle. »

Un chat angora qui somnolait sur un coussin se leva pour m'accueillir avec son plus beau « miaou, miaou ». La dame m'expliqua que le prix à payer pour mon loyer était de m'occuper de ce félin velléitaire et surtout le garder avec moi dans la chambre. La malheureuse ne supportait plus ce cadeau empoisonné de la secrétaire de son mari. Quel prix étonnant ! Je m'attendais tellement à un loyer exorbitant ! Satisfaite et contente, elle arbora alors un large sourire, certaine de me tenir à sa merci.

Je m'installai au plus vite dans la nouvelle demeure. Contre toute attente j'éprouvai bientôt une sorte de sympathie affectueuse pour cette pauvre femme riche, madame Lilibeth, qui n'arrivait plus à chasser de son esprit son époux qui lui manquait autant que son appétit. Elle m'invita le jour de son anniversaire à sa table. Sa salle à manger reflétait le luxe et l'opulence. Au bout de la pièce, la lumière et le soleil se miraient merveilleusement sur des rangées de larges plats d'étain et de casseroles de cuivre, mêlés à des cruches et pichets d'argent qui s'étageaient jusqu'au plafond à poutres apparentes. Un lustre en cristal de Baccarat brillait de mille feux malgré la lumière du jour. Sur la table, richement décorée de fleurs, et recouverte d'une nappe blanche en dentelle au fuseau. Le couvert était en argent massif, les couteaux emmanchés de véritables cornes de rhinocéros et les assiettes en fine porcelaine de Limoges cerclées d'un large filet d'or et enrichies de ses monogrammes de jeune fille. De beaux verres en cristal, finement taillés, attendaient d'être remplis des meilleurs crus du vignoble alsacien.

Le déjeuner de fête se déroula dans la plus morne tristesse pour l'oiseau blessé dans sa cage dorée. Son regard plein de mélancolie se perdait dans un rêve lointain, sa bouche tombait comme un accent circonflexe. Et lorsque je lui souhaitai bon appétit, elle me répondit de même sans changer la direction de son regard triste, absorbée dans ses pensées. J'avais l'impression d'être invisible à ses côtés. J'étais alors encore bien trop jeune pour comprendre la souffrance d'une épouse délaissée par un mari qu'elle aimait de tout son cœur et qu'elle savait dans les bras d'une autre femme. Aujourd'hui, je suis toujours bousculée quand je découvre les drames qui se cachent derrière les masques de ces femmes seules avec leur divorce et qui ne réalisent pas ce qui leur arrive.

# Une hospitalité inespérée

Un samedi après-midi du mois de mars, avant de rendre visite à mes parents, je passai dans une graineterie pour acheter trois kilos de semences de betterave fourragère, une commande groupée des paysans de mon village. A la sortie, la curiosité, qui n'était pas mon moindre défaut, m'incita à entrer au Temple-Neuf, situé en face, où l'on célébrait les funérailles d'une grande figure strasbourgeoise. Comme je ne voulais pas me faire remarquer avec mon volumineux cornet, je le déposai derrière le battant de la porte d'entrée qui était grandement ouverte. Eblouie et émue par la belle oraison funèbre qui vantait les mérites du grand homme, j'oubliai en quittant les lieux mon précieux chargement. Peu de temps après, déjà assise dans le bus qui devait me ramener chez mes parents, je m'aperçus de mon étourderie et courus aussitôt à perdre haleine rechercher mon cornet.

A mon retour à la gare routière, je fis signe au conducteur du car déjà en mouvement de s'arrêter.

Je me rendis compte seulement au bout d'une demi-heure de route que j'étais montée dans un autobus qui desservait une ligne opposée à ma direction. Voyant mon grand désarroi, le voyageur assis à mes côtés m'invita à venir chez lui. Ce monsieur était un instituteur qui revenait du même enterrement que moi. Il habitait avec son épouse et ses enfants dans un petit appartement au-dessus de l'école communale du village où notre bus s'apprêtait à faire sa prochaine halte.

Dès notre arrivée à son domicile, il me présenta à son épouse et lui raconta ma mésaventure. S'apercevant de ma grande gêne, celle-ci me caressa la joue d'un geste maternel, léger comme un baiser. Puis d'une voix rassurante : « Ne vous en faites donc pas, mademoiselle, une bonne louche d'eau dans le bouillon pour six assiettes remplit une septième. Les enfants se feront un grand plaisir de dormir cette nuit sur un matelas étalé à même le sol de la salle de classe. » Les deux gamines ravies s'écrièrent alors : « Youpi, youpi, on va s'amuser » en battant des deux mains de joie. J'invite à venir dans notre si belle région ceux qui n'ont jamais connu l'hospitalité des gens de l'Est.

Après un très bon et copieux dîner, une longue conversation démarra au cours de laquelle j'appris que le grand-père de mon hôtesse était un oiselier. Ce dernier avait pignon sur rue à Paris et portait le même nom que mon grand-oncle, également oiselier à la même adresse. S'agissait-il du même homme ?

Etonnée par cette coïncidence, mon hôtesse fit alors glisser une bague de sa main. En faisant jouer le déclic du chaton, je découvris une plume délicate cueillie à la nuque d'un oisillon posé et une minuscule photo : nous eûmes alors la certitude que son grand-père était mon grand-oncle. Dans la vie, il y a des hasards inexplicables !

# L'apparition de la Vierge de Lourdes

Régulièrement, à la sortie de mon bureau, je passais dans une boulangerie pour acheter une baguette à ma logeuse. Un jour, je demandai à la boulangère si son chétif mitron avait assez de force dans ses biceps pour pétrir la pâte. Elle m'apprit alors que ce gentil garçon était un titi parisien qui avait, comme beaucoup d'enfants, souffert de malnutrition pendant la guerre. Séparé de sa famille et de ses copains, le pauvre, complètement dépaysé, avait bien du mal à s'adapter en Alsace, où le dialecte était davantage parlé que le français. Comme mon père était autrefois mitron, je lui proposai de l'emmener chez nous, lors d'un week-end, certaine qu'il serait ravi de s'entretenir avec lui. Et l'air de la campagne ne pouvait que lui faire du bien.

Assis dans l'autobus, le petit Parisien, avec une impatience fébrile dans les yeux, n'arrêta pas de me poser des questions sur nos animaux de la ferme. A peine arrivé, il tomba sous le charme d'un petit veau qui venait de naître. Fou de joie, il l'appela Marguerite et n'arrêta plus de le caresser et de lui mettre ses bras autour du cou. Visiblement l'animal comblait son manque affectif. Lorsqu'il me demanda s'il pouvait dormir à ses côtés la nuit, je lui expliquai que le veau pouvait faire ses besoins sur lui. De suite, il prit une bonne brassée de paille et fit semblant de s'en recouvrir la tête.

Pendant le dîner, papa eut beau lui narrer le temps où lui-même était mitron, il ne l'écoutait guère : ses pensées étaient avec sa Marguerite chérie. De peur que notre hôte ne se lève la nuit, je fermai la porte à clef.

Vers deux heures du matin, un appel me réveilla : « Madame, madame, venez vite, la Sainte Vierge de Lourdes m'est apparue ! » Je pensai qu'étant sous l'influence de nos animaux, il se prenait pour Bernadette Soubirous en train de garder ses moutons.

Mais quelle surprise lorsque je pus constater que c'était la vérité ! Moi aussi, je vis de mes propres yeux la Sainte Vierge de Lourdes, mais sous la forme d'une statuette placée sur le rebord d'une armoire. Un rayon de lune, filtré à travers les jalousies du volet, projetait son faisceau lumineux exactement sur l'angle où elle était placée. Notre salle de séjour était en état de réfection et, en attendant la fin des travaux, maman avait placé la Sainte Vierge à cet endroit. Une fois la lumière allumée dans la chambre, l'apparition s'évanouit. Comme quoi, il ne faut pas se prendre trop vite pour une petite bergère... Ne vaut-il pas mieux compter les moutons avant de s'endormir ?

# Nostalgie, quand tu me tiens

En ces longues soirées de printemps, chaque fois que la nostalgie me taraudait l'esprit, je profitais de mon petit balcon pour parler aux étoiles. Dans ces moments-là, je me rendais compte des avantages de la vie rurale où les jours sont régis par les cloches de l'angélus. Ici, le matin, le petit déjeuner vite avalé, c'était la course contre la montre pour prendre le tramway et m'enfermer dans mon bureau jusqu'au soir. Et rebelote les jours suivants : « Vive la vie citadine ! »

Chez mes parents, le matin, je buvais tranquillement un demi-litre de lait frais et l'accompagnais de bonnes tartines bien beurrées et alourdies d'une couche de bon miel. Puis, en allant dans les champs, assise sur la charrette aux roues en bois tirée par deux vaches, j'avais tout loisir d'admirer la nature resplendissante de toute beauté, avec ses feuilles et ses tapis de primevères et de coucous qui s'étiraient sous les baisers du soleil. Et quel bonheur de humer le parfum des lilas se mêlant à celui des arbres fruitiers ! Et cette odeur de l'herbe verte des andains fraîchement coupés ! A mon retour, j'étais tout ouïe pour écouter le ronronnement des ruches derrière les murs des vergers et le tintement de l'eau fraîche des fontaines. Les poules chantaient l'œuf et les coqs lançaient leur cocorico en grattant sur les tas de fumier.

Quels parfums ! l'odeur de pain chaud qui embaumait les rues. Et le doux arôme de la sauce aux herbes, celui plus piquant des oignons revenus dans le saindoux, ou encore l'odeur alléchante du jambon fumé qui s'échappait des fenêtres entrouvertes. Et quel spectacle ! les volées d'hirondelles qui cherchaient jusqu'à ras du sol les insectes. En poussant des cris de victoire, elles remontaient comme des flèches vers l'azur, sous l'œil tendre des vieux assis dans une exquise nonchalance devant leurs fermes.

Alors je revoyais aussi l'image où, petite fille, les dimanches après-midi, papa me prenait par la main pour me conduire à travers champs afin de m'inculquer le respect et la beauté de la nature. On ne peut pas s'imaginer combien ses yeux s'extasiaient devant un de ses lopins de pommes de terre en fleur quand il me disait : « Regarde, ma fille, mais regarde donc ! Tu vois déjà tous ces gros tubercules, encore deux, trois arrosages du ciel, et il faudra élargir les trous de la cave, pour pouvoir les emmagasiner. » J'avais beau regarder, je ne voyais que des fleurs ! Par contre, en été, lorsqu'il s'arrêtait devant un champ de blé ondoyant et qu'il serrait entre ses doigts un épi de blé bien mûr, rempli de beaux grains, il s'écriait : « Ma fille, ma fille, tu entends déjà le clapotis de la roue du moulin ? » Alors, je pouvais me représenter les sacs de farine chez le meunier.

Dans ma petite enfance, mon *papily* ne pouvait pas me faire plus grand plaisir que de me permettre de l'accompagner au moulin. Quand nous arrivions là-bas, le meunier me chantait toujours : « Rosalie, Rosalie, où est-elle ? Mon cœur l'appelle. » Je lui répondais : « Elle est partie en Italie avec vos sacs de farine, pour faire des macaronis et des spaghettis aussi », un sourire de fierté dans les yeux.

Quand nous partions, la meunière me gratifiait toujours d'un petit cornet de farine que je devais poser dès mon arrivée sur le rebord de la fenêtre de ma chambre à coucher. Lorsque Blanche-Neige me trouvait assez gentille, elle envoyait la nuit les sept nains pour s'en emparer et la saupoudrer afin qu'elle reste toujours bien blanche. A mon réveil, si ma farine avait disparu, je trépignais de joie, battais de mes menottes et avais hâte d'aller au village, pour le claironner sur tous les toits.

Un jour, mon parrain me joua un vilain tour. A mon réveil, il n'y avait pas un sachet, mais deux sur le rebord de la fenêtre. Blanche-Neige, déçue de ma conduite, m'avait renvoyé celui d'avant ! Susceptible, la fillette de quatre ans que j'étais se poudra de la tête aux pieds avec ses deux sachets et... s'étala sur son lit, en attendant la visite des sept nains. Toute la famille se tordit de rire devant l'imagination de cette gamine qui amusait tout le village par sa vivacité et la drôlerie de ses reparties !

Les temps ont bien changé... Les fillettes, de nos jours, peuvent-elles s'imaginer ces temps d'autrefois ? Ce quelque chose de merveilleux, ce simple bonheur, quand les livres illustrés pour enfants, les jouets et les dessins animés à la télé n'existaient pas ?

Le destin peut arracher l'enfant à son village mais il ne peut pas arracher le village du cœur de l'enfant qui a toujours besoin d'y revenir un jour ou l'autre, pour se ressourcer et retrouver ses racines. Et qui, de temps en temps, a besoin de cheminer par les rues de sa jeunesse, parsemées de tant de rêves innocents dans ce temps où la vie semblait être plus vraie qu'aujourd'hui.

# Une farce bien salée

Un samedi après-midi, alors que j'étais en route pour une visite à mes parents, un voyageur à l'allure distinguée monta dans l'autobus. Il prit son billet, remercia le conducteur, balaya du regard les voyageurs, puis s'avança vers moi. Tout en se découvrant de son chapeau, il dit avec un accent du sud de la France : « Permettez-moi, mademoiselle, de prendre place à vos côtés. » Flattée que ce noble monsieur m'ait choisie, je lui répondis : « Mais avec grand plaisir, monsieur », en lui adressant mon plus beau sourire.

Bien vite, une conversation des plus agréables me laissa deviner l'étendue de sa grande culture. Au fil des mots, il m'apprit qu'il était un grand voyant, une profession qui ne me disait rien. Il posa sa main sur la mienne pour se rendre compte si je possédais également un fluide de voyance. Apercevant ma méfiance et pour me convaincre, il commença à me narrer mon passé, sans se tromper une seule fois.

Stupéfaite par la précision des détails qu'il me fournissait, je tombai dans son piège...

Arrivée à destination, contre toute attente, ne voilà-t-il pas que le voyant descendit aussi et m'accompagna contre mon gré chez mes parents. Tremblante de peur, je le suppliai d'y renoncer, certaine que ces derniers nous jetteraient aussitôt *manu militari* dehors. Après seulement un bon bout de chemin et une kyrielle de bluff, ce bonimenteur me dévoila son identité réelle. Nico, l'adorable cousin de maman, enseignant à Cannes, profitait de son passage en Alsace pour nous rendre visite. Comme je ne l'avais pas revu depuis une éternité, il en avait profité pour me faire marcher... Ensemble nous avons bien ri.

Le lendemain, au déjeuner, je lui ajoutai en douce du sel dans son potage. Et mon Nico n'osa pas se plaindre de ce bouillon de légumes trop salé, tandis que tous les autres ajoutaient du sel. Cette fois-ci, il n'y eut que moi qui ris dans ma barbe, trop contente de lui avoir rendu la monnaie de sa pièce.

# Charely

Un dimanche matin dans la cathédrale Notre-Dame de Strasbourg, j'assistai avec fierté à la grand-messe célébrée par un haut dignitaire de l'Eglise de retour d'Afrique, le nonce apostolique Henri Hoffmann, originaire de Siewiller, dans le Bas-Rhin, et futur évêque de Djibouti. Son sermon célébrait son Alsace retrouvée : pays de cocagne avec ses vergers, ses celliers remplis des meilleurs vins, grenier d'abondance, pays de sol fécond, généreuses sèves qui coulent dans son houblon et ses vignes. A l'écouter, son Alsace était devenue la huitième merveille du monde et ce sermon litanique avait une allure bien laïque...

Un jeune homme assis à mes côtés, et à qui je n'avais guère prêté attention, me poussa du coude : « Ce prédicateur n'a sans doute jamais vu notre si belle Lorraine. » Je reconnus alors l'adorable Charely à l'éternel sourire, surnommé affectueusement au village Hanneton de Mai car, au printemps, attiré par le renouveau de la nature, il faisait l'école buissonnière, au grand dam de l'instituteur. Avant la guerre, cet orphelin de mère faisait des longs séjours chez ses vieux grands-parents, qui le considéraient comme leur dernier rayon de soleil. La pauvre grand-mère, atteinte de cécité, avait bien du mal à s'en occuper, et souvent l'une ou l'autre âme charitable lui venait en aide.

Un jour, au retour des champs, papa m'apprit que ce gamin, un peu livré à lui-même et avec un problème auditif, restait depuis des heures allongé dans un pré, sans bouger. Comme d'habitude, il n'avait pas vu passer l'heure du déjeuner. Immédiatement, mon mauvais génie se mit à clignoter. Avec mes copines ameutées, nous allâmes, gloussant de cruauté enfantine, lui jeter un morceau de quiche lorraine infesté de fourmis. A notre grande surprise, le petit entomologue en herbe, ravi, se mit à étudier le comportement de ces insectes autour d'un charançon qu'il observait depuis la matinée. Dépitées, nous en fûmes pour nos frais.

Charely, devenu un bel homme, s'était laissé pousser une barbichette : je ne le reconnus presque pas. Il fut heureux de me revoir. Accompagné de sa fiancée, il me proposa de passer l'après-midi en leur compagnie. Agiles comme des écureuils, nous escaladâmes les nombreuses marches d'escalier qui conduisent à la plate-forme de la cathédrale, rouverte depuis peu de temps. Pendant l'Annexion, le Führer avait donné l'ordre de fermer ce bel édifice, au grand regret de tous les gens de la région. Un beau soleil printanier nous offrit une vue admirable sur la ville et nos si belles Vosges, sur la Forêt-Noire. Un spectacle grandiose : nous fûmes émerveillés.

L'après-midi se termina autour d'une bière, et nous évoquâmes les quatre cents coups de notre enfance. J'étais peu fière, lorsque mon camarade me présenta à sa fiancée comme l'instigatrice et le porte-drapeau de la plupart de nos exploits... Toujours en tête pour monter sur les clôtures des vergers afin de chiper les premières cerises rougissantes, si tentantes, ou encore pour escalader le mur du jardin presbytéral et y cueillir d'odorantes poires williams. Je les redistribuais à mes copines à condition qu'elles ne se moquent plus de moi en hiver lors des belles et longues glissades dans le fossé qui longeait la route de l'école. Seule poltronne de tout le village, et trop fière pour me donner en spectacle, je rageais de devoir regarder les autres s'adonner à ce beau jeu d'hiver. Et, encore aujourd'hui, la trouillarde que je suis restée toute ma vie dans ce domaine craint toujours le verglas plus que le diable. Rien que d'y penser, je me vois déjà enveloppée de plâtre de la tête aux pieds.

Avant de nous quitter, Charely m'invita à passer un jour à l'atelier d'un célèbre maître verrier où il exerçait avec grand talent le dessin sur vitrail. Il participait à la réalisation des vitraux de nombreux édifices de toute la région, détériorés lors de la guerre. C'est ainsi qu'au village il refit avec enthousiasme les vitraux de notre église brisés lors d'un bombardement juste avant la Libération.

Encore dans la fleur de l'âge, il a été rappelé au Paradis par saint Pierre. Depuis ce jour, notre Michel-Ange peint là-haut le plus beau et le plus grand vitrail : celui de la paix sur la terre. Espérons que bientôt il l'aura terminé pour nous l'envoyer et, surtout, qu'il soit incassable !

# L'accident à bicyclette

Après une visite chez mes parents, par un beau dimanche après-midi ensoleillé du mois de mai, je décidai d'effectuer le chemin du retour à bicyclette. Assise sur ma diablesse de deux-roues graissée d'huile de coude qui mangeait les lieues, je me sentais comme dans une citrouille transformée en carrosse, en passant d'un village à l'autre. Pour atteindre Strasbourg, sur une route bosselée et mal asphaltée, il me fallait bien appuyer sur la pédale, pour parcourir les soixante-dix kilomètres. Devant chaque côte, mes oreilles me susurraient : « Allons, ma fille, plus vite, appuie sur tes mollets, laisse filer l'air sous ta blouse mouillée de transpiration, trace un cercle imaginaire pour enfermer les douleurs qui poussent sur tes cuisses par ce temps caniculaire. Encore un petit effort, et bientôt tu seras arrivée à destination. »

A peine dix mètres avant mon arrivée, étourdie par l'effort et la vitesse, aveuglée par le soleil, tout se passa très vite : en une fraction de seconde, ma roue de devant se coinça dans un rail du tram et ma tête se cogna sur l'asphalte. J'allai être écrasée par un tram qui avançait droit sur moi sans pouvoir s'arrêter à temps quand, à ce moment précis, une religieuse qui passait sur le trottoir d'en face eut l'esprit et le corps prompts, s'élança vers moi et me sauva la vie en me tirant au dernier moment en arrière. Elle me gronda tout en se lamentant : « Mon Seigneur, du jamais vu ! Comment peut-on pédaler dans les nuages ? Vous êtes inconsciente, ma fille ! »

Pendant ce temps, je sentais des gouttes de sang qui s'écoulaient derrière ma tête pour se faufiler entre les filets de sueur le long de ma colonne vertébrale. En me voyant grimacer de douleur, la religieuse me demanda d'une voix anxieuse : « Comment vous sentez-vous ? » Je me sentais plus vivante que jamais. Puis mon ange gardien tenta d'évaluer les dégâts en me faisant bouger les bras et les jambes, sous les regards d'un attroupement de curieux. « A première vue, aucun membre de cassé, mais une vilaine plaie à l'arrière de la tête et des genoux couronnés », reprit-elle. Convaincre la révérende sœur de me laisser en paix ne fut pas chose facile et j'eus mieux fait de la remercier, ingrate que j'étais.

A l'hôpital, je me sentais faible, épuisée. Etait-ce mon corps ou mon ego qui me faisait tant souffrir ? Après qu'une dévouée infirmière eut terminé de soigner mes plaies, une silhouette surgit derrière moi. Madame Lilibeth, ma logeuse, qui avait observé la scène depuis son balcon, me prit par le bras. « Venez, mademoiselle, mon taxi vous attend», tout en posant un petit bisou furtif sur ma joue, pour me rassurer ou me témoigner son amitié.

Le lendemain matin, elle avisa mon patron de mon état et de mon incapacité à me rendre au bureau. Le comptable déposa le soir même à mon domicile mon travail accompagné d'un mot gentil, et cela dura jusqu'à mon rétablissement. Philosopher sur mon imprudence ne me menait à rien et j'étais contente de pouvoir occuper mes journées à travailler. Une fois mes tâches terminées, j'avais tout le loisir de composer des fables pour passer mon temps. En voici une, pour votre bon plaisir :

*Affamé, méchant Loup sortit de la forêt*
*Et croisa en chemin ce coquin de Renard.*
*« Bonjour, cher ami, je cherche de quoi manger.*
*Saurais-tu où trouver une douceur par hasard ?*
*– Sûrement ! répondit cet animal rusé,*
*Cachons-nous dans ce coin et guettons le gibier. »*

*Passe alors, tout gaillard, un petit écolier.*
*« Celui-là, dit le Loup, je le croque en entier,*
*Il n'aura plus jamais le temps d'être rentier.*
*– Non pas ! fit le Renard, il est bien trop petit !*
*Il ne peut contenter ton énorme appétit ! »*
*Et passa, tout gaillard, le petit écolier.*

*Puis vint, pas à pas, un très digne vieillard.*
*« Celui-là, dit le Loup, je n'en fais qu'une bouchée.*

*–Tu aurais vraiment tort, rétorqua le renard.*
*C'est beaucoup de travail pour bien peu à manger !*
*De plus, tu risquerais de trop te fatiguer. »*
*Et passa, pas à pas, le très digne vieillard.*

*Arriva brusquement un grand et fort bonhomme.*
*« Çà ! dit le Loup, c'est réellement mon homme.*
*Il n'est, ma foi, ni trop vieux ni trop petit. »*
*Goupil aussitôt l'encourage en criant : « Oui, vas-y ! »*
*Le Loup sort du fossé et attaque le chasseur.*
*Lui, d'un coup de fusil, le terrasse dans l'heure.*

*Renard fut tout heureux d'être enfin délivré*
*De celui qui souvent lui volait son dîner.*
*De trop bons conseillers, faut toujours se méfier.*
*Un ami, s'il est vrai, ne conseille jamais,*
*Il sait être attentif sans nous influencer*
*Et nous aime, comme on est, sans arrière-pensées.*

# Mes fiançailles secrètes

Un jour, lors d'une visite de Léon, une pancarte dans une vitrine d'un petit restaurant au bord de l'Ill retint notre attention : RÉOUVERTURE DANS UN CADRE ENTIÈREMENT RÉNOVÉ. Comme les cartes de ravitaillement de mes parents nous le permettaient, nous y allâmes déjeuner.

Un petit serveur en costume alsacien, que la plupart des cafetiers portaient avec fierté depuis la Libération, nous accueillit avec un beau sourire de ses yeux bridés : « Bonjour, messieurs-dames, vous avez des tickets d'alimentation ? Sinon, je ne peux pas vous donner à manger. » Puis il s'inclina, les mains jointes : « Mille regrets. »

Ce charmant garçon n'avait d'alsacien que son costume bien trop grand pour sa petite taille, ce qui le rendait encore plus sympathique. Lorsque je lui montrai les tickets, il nous escorta jusqu'à une table pour deux personnes disposée dans un coin au fond de la salle.

Sur la nappe blanche, imprimée de cocardes tricolores, avec le coq gaulois dans un cercle au milieu, le couvert était déjà mis et on y avait déjà placé un carafon d'eau. Confortablement installé, Léon demanda la carte au garçon. De son plus bel accent asiatique, il nous proposa une onctueuse omelette aux champignons, avec salade de saison, ou une bonne choucroute au lard contre deux tickets de viande.

Après ces délicieux mets, en attendant le café, ou plutôt une tasse de malt grillé, j'en profitai pour mettre ma tête sur l'épaule de Léon. A ce moment, j'aperçus un monsieur en train de feuilleter *Les Dernières Nouvelles d'Alsace* à la table d'en face. Lorsqu'il leva la tête, je reconnus mon directeur, les yeux écarquillés, aussi stupéfait que moi-même. Mon cœur battit alors comme un soldat de plomb lorsque je lui adressai un petit bonjour de la main.

C'était notre premier déjeuner en tête-à-tête et, grâce aux serments d'amour que nous avions échangés ce jour-là, nous l'avons vécu comme un très grand repas de fiançailles. Nous n'osions cependant même pas nous embrasser devant mon directeur. Les mœurs d'antan ne ressemblaient pas à celles d'aujourd'hui.

Le serveur nous apporta l'addition pour ce déjeuner simple mais très bon. Il nous avait servis d'un air indifférent mais, lorsqu'il vit le généreux pourboire que Léon lui laissa, son œil s'alluma et il lui sourit de toute la splendeur de ses dents. Puis il revint en courant sur ses petites jambes arquées.

« Attendez, moi aussi j'ai un cadeau pour vous. » Et je goûtai pour la première fois de ma vie le miel rouge qui sortait du ventre mou d'une délicieuse figue fraîche. Encore aujourd'hui, les figues fraîches me rappellent les fiançailles secrètes que nous avons fêtées ce jour-là, sans fioritures, sans la moindre fleur et même sans la traditionnelle bague de fiançailles. Autant les magasins des bijoutiers étaient encore vides, autant nos cœurs étaient pleins de la promesse de pouvoir fonder une famille heureuse.

Avant de quitter le restaurant, mon fiancé me conseilla d'incliner respectueusement la tête au moment de passer devant mon supérieur : ce que je fis. Contre toute attente, celui-ci se leva et me tendit la main. « Quelle bonne surprise ! Mais c'est mademoiselle Muller, notre chère aide-comptable ! » Je lui présentai mon fiancé. Les deux hommes échangèrent une poignée de main. Puis il nous invita à prendre place à sa table pour un petit digestif.

Bientôt, une jeune dame d'une élégance tapageuse fit son entrée. Mon fiancé, d'un air taquin, me souffla : « Oh ! mon Dieu, qu'est-ce qu'elle est belle... Oh ! là ! là ! qu'elle est belle... »

D'un geste nonchalant, elle enleva ses gants et les fourra dans la poche de sa belle veste en daim, qu'elle tendit au garçon qui lui lançait un regard flatteur. Puis elle balaya les tables voisines d'un sourire et s'achemina d'une démarche princière jusqu'à notre table. Mon directeur la dévora des yeux, se leva et s'inclina en un baisemain courtois. Le sourire plein d'innocence qu'elle lui adressa fit vite oublier son retard.

Mon patron dit, avec un geste de la main vers moi : « Permettez-moi, madame, de vous présenter notre aide-comptable, une fille sérieuse qui attire la sympathie de tous ses collègues, et son fiancé, qui, j'espère, ne va pas nous l'enlever après leur mariage. » Maladroite, je bredouillai : « Mille fois merci pour votre amabilité et permettez-nous de nous retirer. – Bien au contraire, répondit-elle, si ce jeune homme n'est pas trop pressé, j'aimerais bien m'entretenir un moment avec vous et vous inviter à prendre l'apéritif. » Elle ignorait que nous venions déjà de satisfaire notre appétit.

Cette noble dame me posait des questions aussi variées les unes que les autres ; sur mes origines, sur ma famille ou encore sur la Société pour laquelle je travaillais, en s'exprimant avec modération et en mesurant l'impact de chacun de ses mots. Au début, elle me donnait l'impression qu'elle cherchait en moi une faille, pour me piéger, mais ce n'était pas le cas. Puis, dans une atmosphère plus détendue : « Pourquoi avez-vous choisi ce métier, me demanda-t-elle, la comptabilité n'est pas inscrite sur votre front ? » Soulagée, je lui répondis : « Mais, madame, je ne l'ai pas choisi, c'est la vie qui l'a voulu ainsi. Je me suis toujours sentie comme un rosier, dont les épines sont des chiffres et les fleurs des lettres. » Elle m'écouta avec grande attention, un sourire aux lèvres, lorsque je lui fis part du fait que c'étaient mes parents qui m'avaient imposé cette profession pour seconder le mari qu'ils m'avaient choisi.

Lorsque je pris congé, elle me fit l'accolade et serra la main de mon fiancé d'une façon amicale. C'était pour moi comme si je venais de rencontrer l'ange Gabriel lors de l'Annonciation à la Sainte Vierge. Pour cette noble dame, j'aurais fait n'importe quoi si elle me l'avait demandé. Avec elle, j'aurais volontiers discuté des heures, voire des jours. Cette personne me ressemblait, mais je ne savais pas pourquoi : sûrement pas à cause de sa grande culture, ni à cause de sa beauté, encore moins à cause de sa perspicacité, mais peut-être à cause de son empathie pour les gens ? Un peu de cette femme était entré en moi pour ne plus ressortir ! Ne pensez-vous pas que dans la vie il y a des rencontres prédestinées ?

# Le bonheur familial avant tout

Le lendemain matin, comme je m'y attendais, mon directeur, un homme bourré de chiffres et certain de bien mener sa barque, mais aussi de contribuer au bien-être de ses nombreux employés, me fit venir à son bureau. « Mademoiselle, me dit-il, quand on décide sérieusement quelque chose, on réussit toujours à l'avoir, il suffit d'en être convaincu. Pour accéder à un autre poste qui vous conviendrait mieux, il faut impérativement que vous preniez des cours en privé. Comme vous avez de la capacité mais aussi de la volonté, je suis même prêt à vous aider, si vous voulez bien. » Il dit cela tout en jouant avec son alliance. Les yeux fixés sur cette bague, mes pensées flottaient dans le vide, vers ce jour où Léon m'en mettrait une pareille au doigt, ce jour que j'attendais comme on attend Pâques pour fêter la résurrection du Christ et le renouveau de la nature.

Etant le courage incarné, je suivis ses conseils. Pendant deux mois, tous les soirs à vingt heures, je pris des cours assidus de secrétariat en privé avec un très grand professeur de la faculté de lettres, en caressant l'espoir que je pourrais un jour atteindre le sommet, voire les étoiles. Tout en étant consciente que la route serait longue et semée d'embûches. Je n'avais pas le diplôme de dactylo – les Allemands ayant raflé toutes les machines à écrire de l'école commerciale lors de leur débâcle –, mais je possédais le petit diplôme de certificat d'études ainsi que celui de sténographe.

Une nuit, alors que j'étais étalée sur mon lit, complètement moulue, dans le silence et l'immobilité, une avalanche d'interrogations me passait par la tête. « La vie que je mène, est-ce vraiment la vie que j'avais envisagée et souhaitée ? La guerre m'a déjà volé ma jeunesse et maintenant je m'inflige encore toutes ces privations tandis que d'autres filles de mon âge prennent du bon temps et profitent de leur printemps pour sortir, voire aller danser. » Les dimanches après-midi, on ne dansait pas encore la *Salsa du démon* ni le boogie-woogie, mais la java et le tango sur un air d'accordéon dans un café place Kléber. C'était le seul endroit où la jeunesse strasbourgeoise pouvait se divertir après les longues privations de la guerre, sous l'œil attentif des parents qui surveillaient leurs enfants et se livraient tout entiers à la gaieté bruyante qui pétillait avec la mousse épaisse des bocks de bière.

Il me fallait bien admettre que la barre que je m'imposais était trop haute pour moi. Une petite voix intérieure me disait : « A quoi bon continuer à prendre des cours qui me coûtent les yeux de la tête ? » De toute façon, Léon ne voulait pas abandonner sa maman, qui nous proposait un beau logement au premier étage de sa grande maison à Sarrebourg. Un beau petit jardin attenant, avec de bons légumes, un enclos pour des volailles de basse-cour, donc des œufs frais tous les jours. Un clapier rempli de lapins prêts à être sacrifiés pour le civet du dimanche, voire une bauge pour élever un cochonnet. Que fallait-il de plus ? A Strasbourg sévissait encore la crise du logement et les femmes ne menaient encore pas de front carrière et maternité. Le métier de nounou n'était pas encore une profession.

Et lorsque j'ai interrogé le ciel, il n'était pas écrit dans les étoiles que je réussirais dans la vie professionnelle, mais il était gravé en lettres d'or que je réussirais ma vie en tant que simple mère au foyer. Ma fierté ne se plaçait ni dans le mérite ni dans l'effort. Elle se plaçait simplement dans le bonheur familial, et je n'étais contente de moi qu'heureuse maman, entourée de ses enfants. Notre mariage constituerait les briques pour construire notre chaumière et les bisous de nos bambins en seraient le ciment.

J'ai connu la grandeur de mon bonheur après cinquante-trois années de complicité amoureuse, lorsque Dieu nous a séparés, Léon et moi, pour que nous nous retrouvions mieux dans un paisible repos éternel.

# Pauvre femme riche

Depuis quelque temps, j'avais remarqué que ma logeuse avait un comportement de plus en plus bizarre. Elle n'exécutait plus de brillantes vocalises jusqu'à une heure avancée dans la soirée et délaissait sa harpe. Cela était-il dû à une dépression évolutive ? Je commençais à m'inquiéter.

Ce soir-là, rêveuse dans mon beau lit à baldaquin, avec des draps en lin finement brodés en Richelieu, j'écoutai le balancier de la pendule battre les heures en silence, tout en admirant la petite lampe en porcelaine de Sèvres allumée sur un petit guéridon portant la griffe d'Emile Gallé de Nancy.

Subitement, la porte, que je n'avais pas le droit de fermer à clef, s'ouvrit. Madame Lilibeth, en robe d'intérieur en cachemire, les cheveux ébouriffés, surgit comme un boulet de canon. Et, sans se gêner, se mit à marteler ses poings sur la couverture matelassée de mon lit en vitupérant contre la maîtresse de son époux. Cette jeune femme était pour elle comme des éclats de verre sous sa peau. Sur le conseil de son mari, elle l'avait souvent invitée à sa table et cette fille, qui avait une allure de pin-up, se comportait comme quelqu'un qui n'avait que des relations professionnelles avec son patron. La rusée cachait bien son jeu ! Puis, d'un rire nerveux, madame Lilibeth continua : « Mon mari m'a mis la bague au doigt, comme à un pigeon, pour mieux me plumer. Ce beau ténébreux arriviste voulait s'emparer de ma fortune avant de me rejeter comme une lavette. »

A bout de souffle, elle s'assit sur le bord de mon lit. Enfin un peu calmée, elle laissa tomber les coins de sa bouche comme deux virgules tristes. Après un long moment de réflexion, elle se leva d'un bond et eut un long soupir : « Vous savez, depuis le départ de Dimitri, que j'aime encore à en perdre la raison, je me sens aussi triste qu'un bas qui sèche seul sur un fil. » Oppressée, elle se tourna alors vers une statuette en bronze reléguée dans une petite niche, s'agenouilla, joignit les mains en suppliant saint Antoine de l'aider à retrouver son seul amour, qu'elle espérait encore revoir un jour. Un peu apaisée et les larmes aux yeux, elle sortit. Dans l'entrebâillement de la porte, elle se retourna et, avec une nuance de menace dans la voix, dit : « Si jamais Dimitri m'impose le divorce, je me jetterai dans les bras du Père Rhin. »

Trop contente d'être enfin débarrassée de sa présence, je n'osai pas lui demander la signification de ces paroles. Avant de m'endormir, un flot de tristesse pour cette pauvre femme riche effleura mes pensées. C'était pour moi, qui m'imaginais que l'argent et la noblesse étaient le rêve, une révélation. Je remerciai alors le destin en pensant: mon petit cheminot ne me donnera jamais cette crainte de partir avec sa secrétaire...

Le lendemain matin, contre toute attente, elle conversa avec moi dans une exquise nonchalance et, pour se faire pardonner, m'offrit un très beau coffret de maquillage, dont je ne savais que faire. Mon physique reflétait une certaine fraîcheur; mon sourire et mes yeux rieurs étaient dignes du plus beau maquillage. Nullement inquiète, je me rendis à mon travail. A midi, au retour du bureau, j'entendis derrière la porte close la petite Pétrelle aboyer sans arrêt, ce qui n'était pas habituel. Une voisine m'apprit avec effroi que la désespérée avait mis ses funestes menaces à exécution.

Complètement désorientée, je ne savais plus que faire ni ou me rendre. Certes, il y avait ma tante Eugénie, qui habitait un petit palace dans les environs, mais je ne portais pas mon oncle dans mon cœur. Tonton Georg traitait toujours avec mépris les petits paysans, pour lui « de sales péquenots avec leurs vibrisses de fumier dans le nez, dont la démarche d'ours et les pieds plats dégoulinent de purin odorant ». Après mûre réflexion, je me rendis chez madame Angèle. Cette dame rendait souvent visite à madame Lilibeth. Il me paraissait évident qu'à ce moment crucial elle n'allait pas me refuser l'hospitalité en attendant que je trouve un autre garni. Sur le chemin, très peinée et mon cœur plus proche que jamais de ma logeuse, j'implorai tous les anges du ciel pour que l'on arrive à la sauver.

# Madame Angèle, ma mamie spirituelle

Cette adorable dame simple, à la peau fine à peine griffée par deux rides aux yeux, avait, malgré son âge avancé, un beau visage fin avec des pommettes remontantes qu'encadraient ses cheveux de neige. Elle habitait un quatre-pièces, un intérieur aseptisé en plein centre-ville. Veuve de quatre-vingt-deux ans, grand-mère de vingt-huit petits-enfants, elle avait encore de la place pour moi dans son cœur généreux. Sa richesse intérieure, bien supérieure à sa grande modestie, me fascinait chaque jour davantage. Tout le monde aimait cette noble dame pour son humeur joviale, sa bonhomie et son rire qui tombait comme une cascade.

Dans la sérénité d'un dimanche matin, toutes deux attablées dans la cuisine en écoutant la radio, nous prenions en toute quiétude le petit déjeuner. Subitement, nous reçûmes la visite inopinée de son propriétaire. Avec des petits yeux de furet fixés sur moi et en un langage guttural, moitié *Hochdeutsch* et moitié dialecte alsacien, il lui reprocha sévèrement d'avoir sous-loué une chambre sans son autorisation. Puis son regard glacial se posa sur le crucifix accroché au mur. Pris d'une soudaine fureur, il l'arracha avec son clou de fixation et hurla comme un damné : « Je vous avais défendu d'accrocher à mes murs des bondieuseries. » Cette vexation blasphématoire me sortit de ma torpeur. Mon regard fixé sur sa bouche vitupérant, je lui lançai : « Monsieur, vous êtes un monstre, un vrai moule de SS ! » sans savoir combien je disais juste.

A ce moment, la pauvre mamie apeurée se trouva comme une coquille de noix vide, entre deux vagues houleuses. Le regard perplexe, elle ne savait que répondre et craignait même d'être obligée de quitter l'appartement avant même que sa maison, bombardée pendant la guerre, ne soit reconstruite. Tremblante de peur et en repoussant ses lunettes sur son nez, elle haussa les épaules avec un soupir de résignation. Le propriétaire à la mentalité nazie et à la conscience intranquille était devenu blême. Il raccrocha le crucifix et, avec un ton mièvre de regret feint, il lui promit de ne jamais revenir l'importuner ni lui causer le moindre ennui... à condition qu'elle ne le dénonce pas.

Après son départ, madame Angèle m'apprit qu'elle ignorait que son propriétaire était germanophile.

Toutefois, elle savait qu'il était un agnostique pour qui Dieu était une notion irrationnelle, une sorte de conception sortie de l'imagination des hommes et destinée à rassurer leurs esprits. Aujourd'hui, je dois avouer que j'ai été hardie, voire effrontée, de m'être jetée dans la mêlée. Pourtant, dans la réalité de mon cœur, je ne l'ai jamais regretté.

Madame Angèle devint vite ma mamie spirituelle. Nous n'épuisâmes jamais les sujets de conversation qui animaient les longs dialogues qui s'éternisaient des fois jusqu'à une heure avancée, dans un plaisir partagé et un sidérant sentiment de détente bavarde, comme si nous nous connaissions depuis toujours.

# Le petit orphelin du 14 Juillet

Le 14 Juillet, qui fut célébré avec faste et grandeur par les Alsaciens habités d'un grand patriotisme, restera à jamais gravé dans ma mémoire. Dès le matin de ce jour de fête, la voix du dôme supplantait toutes les cloches des églises qui résonnaient, résonnaient à toute volée dans les cœurs des hommes. Le défilé militaire, avec ses chants joyeux et pacifiques de victoire, avait une tout autre résonance que le bruit des bottes des nazis et leurs chants guerriers. Dans l'après-midi, des gramophones posés sur les rebords des fenêtres pavoisées diffusaient *La Marseillaise* jusque tard dans la soirée. C'était la joie, la liesse populaire. Nos jeunes gens d'aujourd'hui qui n'ont pas connu l'Occupation ne peuvent pas s'imaginer le grand patriotisme qui régnait après la guerre. Les Alsaciennes, rassemblées aux coins des rues telles des princesses, portaient avec fierté la cocarde tricolore sur leurs coiffes. Elles dansaient à la ronde, en chantant tantôt en alsacien, tantôt en français, notre si belle langue nationale retrouvée après quatre années d'interdit.

Ce beau jour férié, mon fiancé put me rejoindre l'après-midi. Par un temps caniculaire, nous avions pris place sur un banc le long de l'Ill, dans un lieu bien ombragé. Soudain, un garçonnet tenant un petit drapeau tricolore à la main s'avança vers nous pour nous demander si l'eau de l'Ill coulait jusqu'en Russie. Je lui demandai : « Pourquoi en Russie ? – Parce que mon papa, un Malgré-Nous, dort là-bas. Il avait écrit à ma maman que, pour la fête nationale, il défilerait en tant que porte-drapeau. Mais je n'arrive pas à glisser mon petit drapeau dans la boîte aux lettres. » La fierté se lisait sur son visage, lorsqu'il ajouta : « Vous voyez, j'ai même écrit mon nom dessus. » D'une écriture maladroite, nous pouvions lire : Roger.

Bien plus tard, encore tout émus de cette rencontre, nous avons prénommé notre premier bébé Roger pour perpétuer le souvenir de ce merveilleux petit orphelin de guerre, qui pensait réveiller son papa en lui envoyant son drapeau en papier, comme un petit navire sur l'eau.

# Des économies bien placées

Comme j'avais remarqué que la femme de ménage de ma logeuse était fouinarde et qu'elle fouillait dans mes affaires, je demandai à Léon où je pourrais mettre mes économies en lieu sûr. Il me répondit : « Fais donc comme moi, dépose-les sur un livret de la Caisse d'épargne. » D'un air taquin, j'ajoutai : « De combien es-tu déjà riche ? – Oh ! tu sais, franchement, je ne peux pas te le dire. En réalité, c'est maman qui tient mon livret, moi, je ne garde qu'un peu d'argent de poche. » Prestement, je sortis les quelques billets de banque qui dormaient heureux dans mon soutien-gorge. « Tiens, donne-les à ta maman, elle n'a qu'à les mettre sur ton compte. »

La figure renversée, il leva alors des yeux navrés : « Oh ! saint Crésus, jamais de la vie je n'accepterai ton argent, tu te rends compte : nous ne sommes même pas fiancés officiellement. Et si tu trouves un autre prétendant qui te convient mieux ? » J'insistai avec véhémence en lui plantant un regard qui n'avait rien d'un diadème fleuronné. En désignant les flots de l'Ill, je dis : « Eh bien, voilà ce que j'en fais. » Les yeux arrondis d'effroi, il retint mon bras de peur que je n'exécute ma menace en murmurant : « Oh ! bonne Mère du Ciel ! Dans quel dilemme tu me pousses ? Pour te prouver mon amour, je me vois bien obligé de l'accepter, mais à contrecœur, et dis-toi bien que tes économies restent à tout moment à ta disposition. » Soulagée, je lui répondis : « Si tu ne l'avais pas accepté, je t'aurais quitté, et de suite... et crois-moi bien, tu m'aurais regrettée ta vie entière. »

A notre mariage, quelques mois plus tard, nos économies communes représentèrent la base d'un nid bien douillet que nous avons apprécié. Il faut ajouter que ma future belle-maman m'avait déjà confié le livret de Léon deux mois auparavant en me disant : « Voilà, ma fille, tu as fait confiance à mon fils, à lui de te faire confiance maintenant. » Jusqu'au jour de la retraite de mon mari, j'en ai fait bon usage. Et l'année précédant la fin de sa carrière, je lui avais promis que je lui offrirais un très beau cadeau, qu'il attendait avec impatience. Aussi fut-il tout surpris que ce magnifique cadeau promis ne soit rien d'autre que le portefeuille du ministre des Finances que je lui confiai à son tour, heureuse d'en être enfin débarrassée. Car pour tenir les rênes de notre foyer avec une seule paye de petit cheminot, construire notre petite chaumière et payer les longues études de nos deux garçons, il n'avait pas fallu baisser les bras. Et à ce moment-là, c'était beaucoup plus facile pour lui. Une vie bien plus tranquille nous souriait déjà.

# Frayeur à la banque

Tous les vendredis après-midi à quinze heures, j'avais pour mission de me rendre à la succursale d'une banque située de l'autre côté du Port du Rhin, à deux kilomètres de mon bureau, pour déposer une très forte somme d'argent. A cette époque les bateliers ne se servaient pas des chèques : les transactions se faisaient encore en liquide.

Dès mon embauche, le chef comptable m'avait inculqué qu'en aucun cas je ne devais me séparer de ma serviette en cuir remplie de mon trésor et que je devais toujours la serrer fortement sous mon bras droit en longeant de très près le fleuve. Ne jamais m'arrêter, ni adresser la parole à qui que ce soit.

Le transport se faisait entièrement sous ma responsabilité. Mais, dans ce temps-là, le risque de me faire agresser était vraiment minime. Les gens n'aspiraient à rien d'autre qu'à la paix enfin retrouvée.

Cet après-midi du mois de juillet, je partis d'un pas allègre pour exécuter ma mission hebdomadaire au vu et su de tout le monde. Les bateliers en rade et les ouvriers du port qui me connaissaient me firent un petit signe amical et je leur répondis avec un large sourire.

A la banque, monsieur Arthurin m'accueillit. C'était un vieux garçon célibataire, un Malgré-Nous de retour de Russie, aux cheveux filasse et à la figure encore avenante, aux mains populeuses. Il me saluait toujours de la même manière, en se levant de sa chaise derrière le guichet non vitré : « Voilà ma petite Etoile de Bethléem, celle que j'attendais. »

Il me serra chaleureusement la main entre les deux siennes, en me lançant des yeux doux. Je lui répondis en souriant : « Et voilà de l'or, de l'encens et de la myrrhe pour mon doux petit Jésus. » Sur ce, il renversa la sacoche, libérant les liasses de gros numéraires qui s'envolèrent en l'air pour se poser comme des oiseaux sur la tablette du guichet. Ensuite, je lui remis la fiche sur laquelle mon patron avait inscrit la somme à déposer. Naturellement, je ne recomptais jamais avant de partir, la confiance régnait entre moi et cet homme scrupuleusement honnête.

Soudain, au loin, le tonnerre commença à gronder et le vent à se lever. Monsieur Arthurin me demanda de refermer la fenêtre située de mon côté, ce que je fis bien volontiers. Mais, au moment où je me retournai vers lui, ses sourcils devinrent subitement interrogatifs, son regard fort surpris. Puis, d'une voix anxieuse :

– Attendez ! Aujourd'hui il y a un problème, cette somme ne correspond pas aux chiffres indiqués : il manque la moitié.

– Ce n'est pas vrai, vous plaisantez ! m'écriai-je.

D'un ton navré, il me répondit :

– Recomptez vous-même !

Atterrée, je fus sur le point de m'évanouir et je m'accrochai au guichet. Cette somme manquante n'était pas de l'argent de poche, mais représentait plus de dix fois le salaire que j'avais gagné depuis mon embauche.

Pétrie de hautes valeurs morales, il ne me serait jamais venu à l'esprit de subtiliser cet argent. Prise d'une terreur panique, mes pensées voletaient dans toutes les directions – aussi bien vers mon directeur, mes collègues de bureau, mon fiancé que, surtout, vers mon père – sans que j'arrive à les domestiquer.

Tremblante de tous mes membres, je me vis déjà en gros titres dans tous les journaux, menottée et encadrée de deux gendarmes, et me répétai comme une litanie : « Ma vie est fichue, Léon ne voudra plus de moi et mon papa va mourir de honte », avant de m'évanouir pour de bon.

Quand je repris mes esprits dans les bras d'Arthurin, celui-ci se rendit compte de la gravité de la mauvaise farce qu'il m'avait jouée. Je lui pardonnai bien volontiers, je n'étais pas dupe et j'avais deviné la raison... Je n'aurais jamais dû lui dire qu'il était mon doux petit Jésus.

Encore aujourd'hui, quand je pense aux émotions que j'ai vécues ce jour-là, un sourire amusé se dessine sur mes lèvres, en songeant que « l'oie blanche » que j'étais alors aurait mieux fait d'éviter certains termes... avec son banquier.

# L’enterrement de mémé Rosalyne

Un matin, je trouvai sur mon bureau un télégramme ainsi libellé : « Urgence, mémé hôpital civil. » Mon chef, un homme au cœur sensible, me permit d’aller lui rendre visite au courant de la matinée. A mon arrivée, mémé Rosalyne semblait dormir paisiblement. Son âme était déjà au Paradis. Je la dévorai des yeux pour m’imprégner de son visage tanné, encore beau et lisse malgré la soixantaine. De retour au bureau, mon patron, affecté par ma grande peine, m’attribua trois jours de congé.

Dans nos villages, un enterrement était une cérémonie de grande importance. Y participaient petits et grands et tous les villageois des environs. Mon chef tint à se rendre à la cérémonie, pour manifester sa sympathie envers ma famille et moi-même. Au cimetière, des chuchotements circulaient : « Qui est donc cet élégant inconnu ? » Vers le soir, mes parents raccompagnèrent à l’autobus, avec reconnaissance, mon patron lourdement chargé de victuailles. Le lendemain, au bureau, il me confia combien il avait été fortement impressionné par ce bel enterrement et... par le grand festin qui s'ensuivit. Puis, d'un air taquin, il ajouta: « Rosalie, n'avez-vous pas encore une grand-mère à enterrer ? »

Ma regrettée mémé éprouvait toujours une certaine répugnance à me parler de ses origines, qui devaient être des plus modestes. Avoir été élevée à la dure, comme sa très nombreuse fratrie, expliquait peut-être son caractère autoritaire. Si elle proclamait que le noir n'était pas noir mais blanc, il était préférable de se mettre aussitôt à passer avec application du noir à un gris de plus en plus pâle, pour en arriver au blanc. De ce fait, les relations familiales n'étaient pas toujours au beau fixe. Bien souvent, grand-père était obligé de faire le tampon catalyseur entre les deux parties. Seul mon oncle Willy, célibataire, trouvait refuge dans ses jupons. Les rares qualités de son « trésor » ne parvenaient pas souvent à cacher ses caprices d'enfant gâté, ce que les autres n'acceptaient pas.

Du temps où la coopérative laitière n'existait pas encore, notre vaillante aïeule se rendait chaque vendredi, de très bonne heure, au village voisin, distant de quatre kilomètres, où elle prenait le petit tortillard pour aller au marché. Sur sa tête coiffée d'un tortillon, bien en équilibre, était posé un grand panier rempli de mottes de beurre. Au moment de partir, la fierté se lisait sur son visage. Elle s'habillait coquettement d'une longue blouse noire, déjà bien vieille mais dont elle ravivait la couleur en la trempant pendant la nuit dans une bouillie de chicorée torréfiée. Après quoi elle l'amidonnait et la repassait minutieusement avec un fer rempli des braises de l'âtre.

Cette paysanne était d'une propreté méticuleuse, mais il en allait autrement lorsqu'il s'agissait de décorer ses mottes de beurre. Et plus leur aspect était brillant et bien décoré d'arabesques, mieux elles se vendaient. Pour réaliser pareille décoration, la talentueuse artiste se servait d'une cuillère à soupe qu'elle trempait chaque fois dans la salive de sa bouche, avant de la passer et la repasser avec un va-et-vient dans la motte encore malléable, dès la sortie de la baratte.

Un jour, ma maîtresse d'école m'expliqua que mettre une cuillère dans la bouche, puis la promener sur le beurre n'était pas hygiénique. C'était l'ensemencer de microbes... A mon retour d'école, je rapportai ces propos à ma grand-mère, qui n'avait jamais entendu parler d'hygiène, et lui suggérai de tremper la cuillère dans un verre d'eau, voire de laisser les mottes sans décoration. La grande qualité de son beurre suffisait à sa renommée. Quel mauvais conseil ! Ses mottes non décorées furent boudées par les clients. De retour du marché, oh ! *mamma mia...* elle était furieuse. Elle décora mes fesses, non pas avec une cuillère, mais avec un grand martinet. Mon tatouage fort tenace ne tenait pas à être admiré ! Mes muscles endoloris s'en souvinrent longtemps.

Pourtant, je suis fière d'avoir pu grandir auprès de cette femme si courageuse qui m'a beaucoup appris et qui cherchait toujours à s'élever dans la vie. Elle n'admettait jamais qu'après le renouvellement des saisons on se retrouve sur les mêmes marches... Il faut aussi vous dire que mamie, aussi austère qu'un ascète, avait l'élégance d'un hérisson bardé de piquants, toujours prête à fouiner dans la nature pour dénicher les meilleures herbes aromatiques. Ses repas bien parfumés et minutieusement préparés se dégustaient d'abord avec les yeux, ensuite le nez et, seulement après, vous excitaient les papilles gustatives.

Le jour de ma communion solennelle, à la sortie de l'église, elle me prit à part pour me confier d'une voix grave: « Rosalie, ma petite-fille, n'oublie jamais que, quoi que tu fasses dans ta vie, tu dois le faire bien. Alors tu seras digne d'un lointain horizon », tout en me glissant un louis d'or dans la main. Un grand secret resté entre elle et moi.

Sur le chemin du retour, un militaire qui était cantonné chez nous voulut me serrer la main pour me féliciter. Mon louis tomba par terre. Pour ne pas le perdre, il me suggéra de le mettre dans mon aumônière et eut même la gentillesse de bien me nouer le ruban. Arrivée à la maison, je me rendis compte que l'unique cadeau de mamie s'était volatilisé... Je ne pipai mot, ni à mes parents ni à ma grand-mère pour ne pas lui faire de la peine. Ses conseils, pour moi encore plus précieux que cette pièce d'or, demeurent à jamais dans mon cœur. Et si aujourd'hui je pense à elle avec beaucoup de tendresse, c'est parce que le sang qui coule dans mes veines ressemble un peu au sien. Un héritage dont je ne suis pas peu fière.

De génération en génération, comme mon arrière-grand-mère, ma grand-mère et ma mère, je porte le beau prénom de Rose. Et comme disait déjà mon grand-père, mon père et, en dernier, mon mari : malheureusement avec plus d'épines piquantes que de pétales odorants. Sans commentaire...

# Un conseil décisif

Un jour, mamie Angèle, étonnée de me voir cloîtrée dans ma chambre les dimanches après-midi, me posa une question qui aurait pu être indiscrète. « Pourquoi ne sortez-vous jamais ? A votre âge, il faut sortir, sinon vous ne trouverez pas de prétendant. » Je lui en donnai la raison en parlant de Léon. Satisfaite, elle invita mon fiancé à passer un moment chez elle. A mon grand étonnement, Léon, d'habitude très réservé, accepta son invitation. Le dimanche suivant, il prit congé et nous rendit visite, un magnifique bouquet de glaïeuls dans les bras. La journée passa très vite.

Tout de suite mis en confiance, nous discutâmes avec elle du grand problème posé par mes parents, qui cherchaient par tous les moyens à me faire épouser un riche industriel, fils unique, qui ne me convenait pas du tout et me répugnait même. Je savais très bien que mes parents voulaient que j'aie une existence de rêve, bien meilleure que la leur.

Ma tante Eugénie était pour eux le modèle d'une réussite qu'ils auraient souhaitée pour moi. Elle était devenue une grande dame en épousant un industriel très fortuné. Et maman voyait déjà sa fille leur rendre visite en limousine, une rivière de diamants autour du cou et habillée d'un manteau de vison.

Aujourd'hui encore, la voix de mamie Angèle me revient comme un souffle, un chant : « Ecoutez votre cœur et faites confiance à la puissance de l'Amour, cet enfant de la Liberté qui ne peut s'agrandir jour après jour que dans un cœur aimant ! Sans quoi votre terrestre séjour ne sera que d'éternels regrets. » Et le sentiment me vient que tout cela est déjà bien loin et pourtant encore si présent !

A partir de ce dimanche, ma décision fut prise : j'étais certaine que je devais épouser mon petit cheminot et que je devais convaincre mes parents d'abandonner leur projet. En août, je pris quelques semaines de congé pour les aider à faire la moisson. Et comme je l'ai écrit dans mon deuxième livre, maman découvrit une lettre de Léon. Je réussis à les convaincre qu'un cœur ne s'achète pas. Ils n'ont jamais regretté d'avoir cédé, et notre mariage eut lieu avec leur bénédiction fin octobre 1947, une fois les travaux des champs terminés.

Mes pensées les plus nobles s'envolent encore souvent vers cette merveilleuse dame à qui je dois une fière chandelle pour les propos tenus ce dimanche-là. Un jour de printemps, alors que la voix du dôme sonnait l'heure de l'angélus, les jeunes mariés que nous étions devenus ont déposé une rose rouge sur le cercueil de cette chère mamie, comme un baiser éternel de gratitude et d'amour.

# Mes adieux au bureau

Quelques jours après notre mariage, mon mari m'accompagna à la Société La Rhénane pour les festifs adieux que je m'apprêtais à faire à ceux qui m'avaient accueillie quelques mois plus tôt. Un sac en bandoulière rempli de longs cols de blanc d'Alsace lui tirait l'épaule tandis que je portais un grand cabas plein de kougelhopfs faits maison. Comme les restrictions alimentaires dictaient encore la vie des citadins à cette époque, la pâtisserie goûteuse eut d'autant plus de succès auprès de mes collègues.

Après un petit discours courtois de mon supérieur, qui regrettait ma trop brève carrière, je pris à mon tour la parole pour le remercier de son aide précieuse. Avec son habituel sourire, la nouvelle mariée que j'étais fit la bise à la ronde en excluant cependant Renaud, mon collègue le comptable. Ce dernier, stupéfait, n'en voyait pas la raison et cela fit l'effet d'une bombe à Léon.

Très gêné, Léon me fit un petit signe, auquel je répondis en secouant la tête avec un « non » sonore ;

cela fit sourire toute l'assemblée. Mon mari, si délicat dans la vie de tous les jours, était un amuseur en public. Il savait toujours tourner les choses qui ne convenaient pas en dérision. Alors il leva un bras et déclama : « Vous savez, ma femme, cette coquine, a dû tellement embrasser en douce son meilleur ami qu'elle a maintenant peur de se trahir ! »

A la fin, je lui répliquai : « Oh ! tu sais, le bouquet de fleurs envoyé le jour de notre union par mes collègues n'a guère dû lui coûter cher. Les oursins dans ses poches n'ont pas dû lui piquer les doigts. » Néanmoins, je lui réservai la plus grande portion du gâteau, notamment celle avec la fève de fesse-mathieu. Renaud, visiblement très vexé, ne comprit pas cette insinuation et jeta un regard étonné autour de lui, sous les huées qui fusaient en chœur : « Hou ! hou ! le vilain canard avait peur de se déplumer. »

Au bouquet de fleurs que mes collègues m'avaient envoyé pour notre mariage avait été épinglée une carte de félicitations, avec un petit mot : « Tout le monde, y compris le directeur, a mis la main à la poche, sauf Renaud, qui refuse catégoriquement de participer ! » Très gênée par ce petit mot, je ne l'avais pas montré à mon mari. Je découvris que c'était en fait une farce que les autres collègues avaient jouée à la mariée et que Renaud ignorait. J'appris même qu'en réalité c'était ce charmant garçon qui avait organisé la collecte et en était le plus généreux donateur !

Bientôt, le jus de la treille et le kirsch d'Alsace datant de l'année de ma naissance noyèrent cette mauvaise plaisanterie maintenant découverte. Et la bonne humeur régna en maître jusque tard dans la soirée. Même Léon, d'habitude si sobre, leva son verre pour entonner d'une voix renversante :

> *Ein Tag so wunderschön wie heute sollte niemals vergehen.*
>
> Un jour ausssi merveilleux qu'aujourd'hui ne devrait jamais prendre fin.

Immédiatement, tout le monde fit chœur. En ce temps-là, on ne soufflait pas encore dans le ballon, sinon... ! Mes collègues, au regard plus ou moins vitreux, rentrèrent en tramway. Quant à nous, le dernier train manqué nous obligea à passer la nuit à l'hôtel.

Quel beau souvenir inoubliable que celui de tous ces braves gens qui se respectaient et s'entraidaient, et qui, pour se divertir un peu, s'octroyaient de temps à autre une petite plaisanterie de ce genre ! Je souhaite à toutes les entreprises une bonne et sincère entente, comme celle qui régnait à La Rhénane de mon temps où le bien être des employés primait encore sur le rendement.

# Table

Achevé d'imprimer par Corlet, Imprimeur, S.A. - 14110 Condé-sur-Noireau
N° d'Imprimeur : 122743 - Dépôt légal : septembre 2009 - *Imprimé en France*